大人のための日本の名著50

木原武一

1　自分を知るために

2　人間を知るために

3 社会を知るために

4　歴史を知るために

5 自然を知るために

本文デザイン 五十嵐 徹（芦澤泰偉事務所）

まえがき

一人前の自立した大人として生きるために必要なもの、それは、自分の頭でものごとを考え、判断する力である。その基礎となる知識と教養をはぐくむにはどうすればよいか。そのもっとも効果のある強力な方法は、本を読むことによって得られる。読書こそ、知識と教養の最大の源泉である——。

このような考えから、日本人の書いたすぐれた著作五十編を選び、その内容を誰にもわかりやすく要約して紹介したのがこの本である。一人前の大人として、また、ものを学ぶ者として、せめてこれくらいの名著は読んでほしいというのが、編者の願いである。

ここにとりあげた名著は、日本人の書いたすぐれた著作のほんの一部にすぎない。その選択にあたっては、まず何よりも「おもしろくて、ためになる」ということを重視した。「おもしろくて、ためになる」とは、時代をこえて私たちに何かを訴えかけ、ものごとを考えるうえでヒントを与えてくれるということである。そういう考えから編者独自の判断によって選ばれたのが『古事記』から『おくのほそ道』、『夜明け前』、星新一のショートショートなどをへて、『「甘え」の構造』にいたる五十編である。なお、『万葉集』や『古今和歌集』など、数ある詩歌の名著は、要約紹介するというこの本の趣旨にそぐわないため、とりあげなかった。

五十編の名著は、前著と同様、次の五つに分類されている。

「自分を知るために」

「人間を知るために」

「社会を知るために」

「歴史を知るために」

「自然を知るために」

自己を出発点として便宜的に考えた知識の分類である。言うまでもなく、複数の分野にまたがる作品も少なくないが、紹介するにあたっては、分類されたテーマ項目に重点を置くようにした。

本文は、「著者と作品紹介」「要約」「読みどころと名言」「編者からひとこと」「文献案内」で構成されている。

「著者と作品紹介」では、著者名のあとのカッコ内の数字は生没年を、作品名のあとの数字は刊行年ないし執筆年を西暦で示し、呼称に変遷のある機関名は現在の名前で記した(たとえば、東京帝国大学を東京大学)。「要約」は、あらすじ紹介ではなく、作品のエッセンスをひとつの読み物としてまとめるように努めた。明治時代以前の作品はすべて口語体に訳し、それ以後の作品の要約に際しては、原文の文体および漢字仮名遣いを生かすように表記した(ただし、読みやすさを考慮して表記を変更した個所もある)。そのため全体として、さまざまな文体と表記がみられる。「要約」で触れられなかった興味深い部分は、その原文を「読みどころと名言」におさめ(場合により部分的に要約および文章を省略)、編者の注釈等を記した。「文献案内」では入手容易な代表的なものを紹介した。

ひとりでも多くの方々に、この本をきっかけに日本の名著に親しんでいただければ幸いである。

二〇〇七年五月二十八日

木原武一

*本書は二〇〇七年七月、海竜社より刊行された『大人のための日本の名著　必読書50』を改題の上、文庫化したものです。

1
自分を知るために

日本人の心の底にあるもの

『「甘え」の構造』

土居健郎

著者と作品紹介

精神医学者の土居健郎《どいたけお》（一九二〇―二〇〇九）は東京に生まれ、東京大学医学部卒業後、アメリカ留学中に体験した「カルチャーショック」から、日本人独特の心理の存在に気づき、それは「甘え」であると考え、この概念によって、日本社会や日本語の特異性を解明できることを発見した。さらに、神経症や精神病を甘えの病理として理解し、甘えの観点から精神分析理論を根本的に考え直す研究を行った。その成果がまとめられた『「甘え」

の構造』（一九七一）はベストセラーとなり、英・仏・独・伊をはじめ多くの外国語に訳され、国際的な反響も呼んだ。この著書をきっかけに、さまざまな社会現象について「あれは甘えの構造だ」という言い方が流行した。著者によれば、日本は甘えの瀰漫《びまん》した世界であるという。

要約

これは英語では言えません

アメリカ留学中の体験から、私は、もし日本人の心理に特異的なものがあるとするならば、それは日本語の特異性と密接な関係があるにちがいないと考え、「甘える」という言葉はどうも日本語独特のものらしいことに気づいた。このことを私に確信させたこんなエピソードがある。

恐怖症に悩むある女性患者の治療に際して、その母親から患者の生い立ちについて話を聞いたことがあった。この母親は日本生まれの日本語の達者なイギリス婦人であったが、それまで英語で話していたのに、急にはっきりとした日本語で、「この子はあまり甘えませんでした」とのべ、すぐさま英語に切りかえて話を続けた。その理由をたずねると、彼女は、「これは英語では言えません」と答えたのである。

甘えの心理的原型は、母子関係における乳児の心理にあるが、生まれたばかりの乳児についていては、甘えているといわないことにまず注意しよう。たいていは生後一年の後半に、乳児がようやく物心がつき、母親を求めるようになった時、はじめて「この子は甘えている」というのである。すなわち、甘えとは、乳児の精神がある程度発達して、母親が自分とは別の存在であることを知覚した後に、その母親を求めることを指していう言葉である。

つまり、甘えとは、自分とは別の存在（他者）を意識するところからはじまり、乳児の場合に見られるように、他者（母親）との分離の事実を心理的に否定し、相手との一体感を求めることである。

日本人はこのような「主客合一」を願う甘えを理想化し、甘えの支配する世界を、真に人間的な世界と考えたのである。

甘えを克服して自己の確立を

甘えには、人間の健康な精神生活に欠くべからざる役割を果たしているという一面がある。分裂病（統合失調症）の多くは、甘えることを体験しないで成人したために、自己を確立できない。彼らは、自己に目醒めねばならぬ時期が到来しても自己を自己として意識することができず、「誰かにあやつられている」というような形でしか自己を意識できない。彼らは、甘えを媒介として他人との共感関係を経験したことが少ないので、その甘えの追求は独りよがりとなりやすい。

神経症患者の基本的不安は、誰かに甘えたくとも甘えられない心境にある。人間は、甘えるということを経験しなければ、自分をもつこと、自己を確立することができない、といってよいであろう。

しかし、相手との一体感を求める甘えに埋没するかぎり、人間は自己を確立することができないという一面もあり、日本人の特異性はそこにある。たとえば、日本人はしばしば「すまない」とか「気がすまない」という言い方をするが、これは相手の好意を得ようとする気持ちの表現であって、甘えに他ならない。義理と人情も、相手の好意をひきとめたいという欲望であって、甘えから発している。

「遠慮」や「気がね」なども、相手に嫌われはしないかという危惧がそこには働いていて、遠慮しながら実は甘えているのだということがわかる。このように人間関係を表わす多くの日本語は、甘えの心理を含んでいる。

日本人の心情を代表する言葉として本居宣長《もとおりのりなが》が指摘した「物のあわれ」も甘えの感受性に関係がある。「あわれ」というのは、人間にせよ自然にせよ、対象に感動することであり、しみじみとした情感をもってその対象と一体化することであるからである。

このように日本人を無反省的に培ってきた感情の基調こそ、甘えの心性に他ならない。甘えを超克《ちょうこく》して自己を確立することこそ、われわれの目標としなければならない。

読みどころと名言

▽「**すまない、というのは、甘えられた義理ではないが、しかし許してほしいという意志表示である**」——感謝するつもりで、I am sorry と言ったところ、何で謝るのかとアメリカ人に怪訝《けげん》な顔をされたのが、著者の体験した「カルチャーショック」のひとつである。日本人の場合、「すまない」「申訳ない」は、相手に共感を呼び起こし、困難事態をまるくおさめる魔法の言葉である。たいてい謝れば事はすむというのが日本人の通例である。

▽「**あの人は甘いという場合、これはその人物がひとを甘えさせる傾向にあるということを意味する。見方が甘いという場合は、当人が何かに甘えている結果であると考えてよいであろう**」——甘えたいのに甘えられない心理に関係した日本語独特の言葉として、すねる、ひがむ、ひねくれる、うらむ、ふてくされるなどが指摘されている。

▽「**日本で非常に発達した敬語の使用も、甘えの心理に関係がある**」——著者は、敬語が、やたらに「御《お》」をつけて子供の機嫌をとる言葉遣いと似ていることに注目し、目上に敬語を使う場合、子供の機嫌をとるのと同様、目上の機嫌をとることが目的ではないかと考えた。相手の機嫌をとることは、相手に甘えることにほかならない。

▽「**日本人に顕著な判官びいきの心理は、甘えの心理の延長上にある〈くやしさ〉と密接**

な関係がある」——「くやしさ」は甘えられないところから生まれる。「くやしさ」を十分に経験した歴史上の人物を持ちあげることによって、実は、自分自身の「くやしさ」のカタルシス（浄化ないし解消）をはかっているのである。

▽**「くやみが精神の全体を侵した時が鬱病である」**——くやしさが内向し、くやしくてどうにもならない時、「くやみ」の心理が生まれる。親しい者を失った時、生前、ああもすればよかった、こうもすればよかったと思い、そう思ったところで取り返しがつかないことだとわかっていながら心を痛めること、それが「くやみ」である。「くやしい」と感じられる間はまだ鬱病ではない。

▽**「現代は奇妙に甘えの充満している時代である。これは要するに、皆子供っぽくなっているということであろう」**——大人らしい大人がいなくなったように、子供らしい子供もいなくなった。子供のような大人と、大人のような子供に共通するものこそ、甘えである。皆一様に子供のごとく甘えているのは、人類の退行現象だと、著者は言う。

（編者からひとこと）欧米人にも甘えの心理がないわけではない。その文学的表現の一例として、ゲーテ『ファウスト』の有名な最後の一節「永遠に女性なるもの、我等を引きて往かしむ」があげられている。著者の言うように、母性的なものへの憧れが甘えに通ずるとしたら、甘えは人間一般に固有なものだと言っていいのではなかろうか。

［文献案内］土居健郎『「甘え」の構造［増補普及版］』（弘文堂）。『続「甘え」の構造』（同）。

鎌倉時代に開花した宗教意識

「日本的霊性」

鈴木大拙

著者と作品紹介

仏教学者の鈴木《すずき》大拙《だいせつ》(一八七〇―一九六六)は、金沢の医家に生まれ、はじめ小学校の教師となるが、これを辞して上京、東京専門学校に入学し、鎌倉の円覚寺に参禅する。東京帝大哲学科を卒業後、円覚寺の住職の推薦で渡米し、仏教書の翻訳および著作活動を行う。アメリカの婦人と結婚し、帰国後は、真宗大谷大学などで教え、仏教(とくに禅)に関する多くの著作を発表した。英文による著作も多く、国際的にも著名な仏教学者である。

一九四九年文化勲章を受章した。『日本的霊性』（一九四四）には、日本人の心の奥底にある宗教意識は、鎌倉時代にはじめて禅と浄土系思想として明白にあらわれ、現代におよぶことが述べられている。本書では浄土系思想についてとくに詳述されている。

要約

インドや中国にはない日本独自の仏教

精神または心の奥底に潜在していて、人間の感情や感覚、思考、意志、行為などのもととなるはたらき——それが霊性である。精神の主体、あるいは、自己の正体と言ってもよい。その霊性に触れることが宗教である。宗教は、人間の精神が霊性を認得する経験であり、霊性は宗教意識である。宗教意識の覚醒は、霊性の覚醒でもある。

霊性はそれぞれの民族にそなわっているが、霊性の目覚めから、それが精神活動にあらわれる様式は、各民族によって異なる。すなわち、日本的霊性なるものが話され得るのであるが、それなら霊性の日本的なるものとは何か。自分の考えでは、浄土系思想（『浄土三部経』にもとづく阿弥陀《あみだ》仏《ぶつ》信仰で、とくに浄土真宗をさす）と、禅とがそれであると言いたいのである。

浄土系思想も禅も仏教の一角を占めていて、仏教は外来の宗教だから、日本的な霊性の表現ではないと思われるかもしれない。が、自分は仏教をもって外来の宗教だとは考えない。禅は中国で発生したのであるが、それは漢民族の生活のなかに深く入り込むことがなかった。禅が日本的霊性を表現しているというのは、禅が日本人の生活に根深く食い込んでいるという意味ではない。それよりむしろ、日本人の生活そのものが禅的であると言ったほうがよい。禅宗の到来は日本的霊性に発火の機縁を与えたのである。

奈良時代や平安時代の仏教は日本の上層部の生活と概念的に結びついたにすぎなかったが、鎌倉時代、禅は武士の生活の真只中に根を下ろし、室町時代から江戸時代を通じて、日本人の生活の諸方面に展開して行ったのである。はじめに日本民族のなかに日本的霊性が存在していて、それが仏教と遭遇して、本来の姿をあらわしたのである。

外からの刺激を受けて内なる霊性が目覚める

日本的霊性が知的方面に顕現したのが禅で、武家階級に広まり、情的方面に顕現したのが浄土系思想で、庶民に浸透した。

浄土系思想はインドにも中国にもあったが、日本ではじめて法然《ほうねん》と親鸞《しんらん》とを経て、阿弥陀仏の絶対他力的救済観（南無阿弥陀仏と唱えるだけで救われる）が生まれたという事実は、日本的霊性すなわち日本的宗教意識の能動的活現によるものと言わなければならない。絶対他力の信仰は、インドでも中国でもなく、日本でのみ可能であった。ただ外から渡来したものをそのまま受け容《い》れたにすぎないとしたら、このようなことは起こらなかったであろう。日本的霊性が浄土系思想を通して表現されたとき、浄土真宗は生まれた。その開祖の親鸞こそ、日本的霊性に目覚めた最初の日本人と言ってよい。

なぜこのような日本的霊性の目覚めが鎌倉時代に起こったのであろうか。平安時代、日本人はまだ仏教を知らなかった。真言宗の開祖、弘法大師も、天台宗の開祖、伝教大師も平安時代の貴族文化の産物である。

ふたつの契機が考えられる。まず、人間と大地との結びつきである。人びとが、大地を通して、人間を超越する天の恵みを感じたとき、真の宗教意識が生まれる。農民を直《じか》に支配していた武士が、地に足のつかない平安の大宮人《おおみやびと》に替り、また、ひとりの百姓男として他の百姓に伍して、静かに念仏の生活を生き抜かんとした親鸞が登場するには、鎌倉時代を待たねばならなかった。

もうひとつは、それまで長くつづいていた外国との途絶が解け、蒙古民族の襲来の危機に見舞われ、また、この世の栄華を謳歌していた平家の没落にともなう社会変動など、内外からの刺激である。

このようにして、霊性の覚醒は、現世の事相《じそう》にたいしての深い反省からはじまり、日本人の品性、思想、信仰、情緒を養うものが生まれた。

読みどころと名言

▽「鎌倉時代における日本的霊性の覚醒は、知識人から始まらないで、無知愚鈍なるものの魂からであったということに注意したいのである。知性人の場合になると、その知性が妨げとなって、彼らの霊性は容易に目覚めない。これは東西古今を通じていずれも同じ秋の夕暮れともいうべき現象である」——おのれを捨て、帰依するところから信仰は生まれるが、知性という厚い殻がその邪魔となる。新約聖書『マタイ伝』の「幸福《さいわい》なるかな、心の貧しき者、天国はその人のものなり」（五章三節）も同様の趣旨である。

▽「歴史家は、平安末期から末法思想がはやりだして、人びとはこの世に対する嫌気がさし、その機に乗じて浄土教が盛んになったと言うが、当時の日本人一般は、そんな概念的抽象で動かされたわけではない」——末法（一〇五二年に始まるとされる）の世には仏教が衰えるという末法思想は、知識ある仏教徒が言い出したことにすぎず、それよりも、政治・経済・対外関係の危機が日本人の生活全体に不安を投げかけたと、著者は言う。

▽「古代の日本人には深刻な宗教意識がなかったことは、たとえば『万葉集』を見ればわかる。最上層から庶民に到るまで、われらの祖先の精神生活が赤裸裸に歌われているが、そこにあるのは、一言で尽くせば、古代の純朴な自然生活、まだひとたびも試練を受けていない、生まれながらの人間の情緒である」——そこに歌われている「神」は、

雲に隠れたり、雷の上に鎮座したりする物理的事象の人格化、ないしは、力の権化であって、心のよりどころとなる信仰の対象にはなっていないと、著者は分析する。

▽「**『源氏物語』のような文学的作品は世界にないと言うが、こんなもので日本精神が代表されては情けない。貴族生活の恋愛葛藤、政治的陰謀、官能的快楽、文学的遊戯気分、修辞的技巧などで充たされている作品は、あまり持てはやさぬがよいと思う**」——平安貴族の心情や生活が描かれた『源氏物語』や『古今和歌集』にはほとんど宗教意識は感じられない。そこにあるのは涙っぽい感傷と享楽主義である。そこから宗教が生まれるはずがない。

▽「**『平家物語』を通じて鎌倉時代の日本人はいかなる様態で、霊性的に覚醒しつつあったかを見ることができる。著者は誰であってもよいが、とにかく彼はその時代における霊性の動きに触れている**」——平家の没落は日本政治史上、最大の悲劇とも言うべき出来事であった。霊性的生活は反省から始まると著者は言っているが、日本人にはじめて痛切なる反省を強いたのが、この出来事であった。

編者からひとこと　信仰あつく、徳行にとむ信者を「妙好人《みょうこうにん》」というが、その一例として、昭和八年に八十三歳で没した浅原才市《あさはらさいいち》という下駄屋について詳述されている。知識人や宗教家よりむしろそういう庶民のなかにこそ、日本的霊性は生きているようである。

[文献案内]　鈴木大拙『日本的霊性　完全版』（角川ソフィア文庫）、『日本的霊性』（岩波文庫）。

あらためて思い知る自分というもの

「鼻・芋粥」

芥川龍之介

著者と作品紹介

小説家の芥川龍之介《あくたがわりゅうのすけ》（一八九二―一九二七）は東京に生まれ育ち、東京帝国大学文学科在学中に同人誌に発表した短編小説『鼻』（一九一六）が、夏目漱石《なつめそうせき》の激賞を得て、文壇にデビュー。同じ年、『芋粥』を発表し、翌年には、最初の短編集が刊行され、人気作家となる。いずれも平安時代を舞台にした「王朝物」と呼ばれ、説話集『今昔物語』および『宇治拾遺物語』に出典がある。人間の心理の機微をついているのが両作品の共通点である。ほかに「王朝物」に『地獄変』『藪の中』、中国の説話に取材した『杜子春《とししゅん》』、箴言集《しんげんしゅう》『侏儒《しゅじゅ》の言葉』、一種のユートピア物語『河童』などがある。神経衰弱と不眠症に苦しみ(その様子は最後の作品『歯車』に描かれている)、薬物自殺した。命日の七月二十四日は「河童忌」という。

要約

『鼻』

禅智《ぜんち》内供《ないぐ》の鼻といえば、知らぬ者はない。長さは五、六寸あって、上唇の上から顋《あご》の下まで下がっている。形は元も先も同じように太い。細長い腸詰のような物が、ぶらりと顔のまん中からぶら下っているのである。

五十歳になる内供は、終始この鼻を苦に病んで来た。実際、鼻の長いのは不便だった。飯を食う時など、弟子に長さ二尺ばかりの板で鼻を持上げていて貰わねばならなかった。内供は、この長い鼻を短く見せる方法はないものかと、鏡へ向っていろいろ工夫を凝らして見たこともあった。烏瓜《からすうり》を煎《せん》じて飲んだり、鼠《ねずみ》の尿《いばり》を鼻へなすったりしたこともあったが、何をどうしても、鼻は依然としてもとのままだった。

ところがある年の秋、京へ上った弟子の僧が、医者から長い鼻を短くする法を教わって来た。湯で鼻を茹《ゆ》で、それを人に踏ませるという、きわめて簡単なものであった。これを試したところ、鼻は嘘のように短くなった。

——こうなれば、もう誰も哂《わら》うものはないにちがいない。

内供は満足そうに目をしばたたいた。ところが、二、三日して、意外な事実を発見した。寺を訪れた侍たちが、前より一層可笑《おか》しそうな顔をして、じろじろ内供の鼻ばかり眺めていた事である。内供は、これを自分の顔がわりがしたせいだと解釈した。

——前にはあのようにつけつけとは哂《わら》わなんだて。

内供は日毎に機嫌が悪くなった。鼻が短くなったのが、反《かえっ》てうらめしくなった。

するとある夜の事、ふと鼻が何時《いつ》になく、むず痒《がゆ》いのに気がついた。翌朝、目を覚ますと、鼻はあの昔の長い鼻になっていた。同時に、鼻が短くなったときと同じような、はればれした心もちが、どこからともなく帰って来るのを感じ、こう自分に囁《ささや》いた。

——こうなれば、もう誰も哂うものはないにちがいない。

『芋粥』

平安朝の時代、摂政《せっしょう》に仕えていた侍に、某《なにがし》という五位があった。背が低く、赤鼻の、風采のあがらない男で、同僚の侍たちからいつも愚弄《ぐろう》されていた。

実は、五位は五、六年前から、芋粥という物に、異常な執着を持っていた。芋粥とは山の芋を中に切込んで、それを甘葛《あまずら》の汁で煮た粥の事である。当時、これは無上の佳味《かみ》とされ、五位の如き人間の口へは、年に一度、臨時の客の折にしか、はいらない。ある年の正月二日、臨時の客があって、五位もその残肴《ざんこう》に相伴《しょうばん》した。その中に例の芋粥があった。人数が多いので、自分が飲めるのはいくらもない。彼は椀をしげしげと眺めながら、誰に言うともなく「何時になったら、これに飽ける事かのう」と呟いた。「お気の毒な事じゃ」と、これを耳にした藤原利仁《としひと》が軽蔑と憐憫《れんびん》とを一つにしたような声で言った。「お望みなら、利仁がお飽かせ申そう」

数日後、五位は利仁の館にいた。夜、外で大きな声がした。「殿の御意《ぎょい》遊ばさるるには、明朝、卯時《うのとき》までに、切口三寸、長さ五尺の山の芋を一筋ずつ、持って参る様にとある」

翌朝、広庭には、丸太のような山の芋が山のように積まれ、大釜が五つ六つ並んでいた。

それから一時間後、五位は利仁や舅の有仁《ありひと》と共に、朝飯の膳に向った。前にあるのは、一斗ばかりはいる銀《しろがね》の提《ひさげ》に、なみなみと海の如くにたたえた芋粥である。五位は先ほどから芋と甘葛のにおいを含んだ湯気の柱が釜の中から朝の空へ舞い上がって行くのを見ていた。すでに満腹を感じていたのは無理もない。はじめから芋粥は一椀も吸いたくない。

「芋粥に飽かれた事が、ござらぬげな。どうぞ、遠慮なく召し上がってくだされ」と有仁。

五位は、ここへ来ない前の自分、芋粥に飽きたいという欲望を、唯《ただ》一人大事に守っていた、幸福な自分をなつかしく、心の中で振り返った。

▽「内供は実にこの鼻によって傷つけられる自尊心のために苦しんだのである」(『鼻』)
——自尊心を傷つけられたと感じるのは、人に哂われたときである。内供がいちばん気にしたのも、人に哂われることである。もう誰にも哂われないと思って、内供は安心する。わらうには、哂、笑、嗤などの漢字があるが、「哂」には、あざわらう、という意味もある。内供は他人のわらいをそういう意味に受け取っている。

▽「人間の心には互に矛盾した二つの感情がある。勿論、誰でも他人の不幸に同情しない者はない。ところがその人がその不幸を、どうにかして切り抜ける事が出来ると、今度はこっちで何となく物足りないような心もちがする。少し誇張して云えば、もう一度その人を、同じ不幸に陥れてみたいような気にさえなる。そうして何時の間にか、消極的ではあるが、ある敵意をその人に対して抱くような事になる」(『鼻』)——内供の鼻が短くなったことに対する人びとの反応の分析である。作者はこれを「傍観者の利己主義」と呼ぶ。それを感じて、内供は機嫌を悪くし、誰にでも意地悪く叱りつけるようになる。他人の思惑に左右される人間の悲劇である。

▽「人間は、時として、充《みた》されるか、充されないか、わからない欲望のために、一生を捧げてしまう。その愚を哂う者は、畢竟《ひっきょう》、人生に対する路傍の人に過ぎない」(『芋粥』)

——芋粥を飽きるほど飲んでみたいというのが、五位にとって唯一の欲望になっていた。彼自身、それが自分の一生を貫いている欲望だとはっきり意識してはいなかったが、彼はそのために生きていると言ってよいほどだった。そういう欲望こそ生きがいとなる。

▽**「あまり早く芋粥にありつきたくないという心もちで、それが意地悪く、思量の中心を離れない。どうもこう容易に〈芋粥に飽かむ〉事が、事実となって現れては、折角今まで、何年となく、辛抱して待っていたのが、如何《いか》にも、無駄な骨折りのように、見えてしまう。出来る事なら、何か突然故障が起って一旦、芋粥が飲めなくなってから、又、その故障がなくなって、今度は、やっとこれにありつけると云うような、そんな手続きに、万事を運ばせたい」**（『芋粥』）——山の芋を持ってくるようにとの命令を耳にした、念願成就前夜の五位の心境である。

（編者からひとこと）あるがままの自分に満足するのはむずかしい。欲望は充たされないうちが花かもしれない。他人の思惑である。他人の目に映った自分が問題なのである。元の長い鼻を回復して内供はひと安心するが、それでもまだ他人の目など気にしないという境地に達することができない。たしかに、他人の目は、自分を知る有力な手段のひとつではあるが。

［文献案内］芥川龍之介『羅生門・鼻・芋粥』（角川文庫）、『羅生門・鼻』（新潮文庫）、『羅生門・鼻・芋粥・偸盗』（岩波文庫）に所収。

我欲のために親友を裏切った男の悲劇

「こころ」

夏目漱石

著者と作品紹介

小説家、夏目漱石《なつめそうせき》（本名・金之助　一八六七―一九一六）が描いた主題のひとつに、我欲のためには他人を犠牲にしてもかまわないという「エゴイズム」（我執）がある。『こころ』（一九一四）は、愛する女性を我がものにするために親友を裏切り、その罪悪感に悩んだ末、自らの命を絶つ男の物語である。物語の語り手の「私」は、鎌倉の海岸で「先生」に出会い、親しくその家に出入りするようになる。いつも静かで、寂しげな「先生」

は、何もしないで、美しい奥さんとふたりで暮らしている。奥さんの話では、親友の死がきっかけとなって生き方が急変したらしいが、その過去は謎に包まれていた。父を看取るために郷里に帰った折、「私」のもとに「先生」から分厚い手紙が届いた。それは「先生」の遺書だった……。

要約

お嬢さんに信仰に近い愛を有《も》っていたのです

私はただ貴方だけに、私の過去を物語りたいのです。あなたは真面目に人生そのものから生きた教訓を得たいと云《い》っていました。私は暗い人世の影を遠慮なくあなたの頭の上に投げかけて上《あげ》ます。然し恐れては不可《いけま》せん。暗いものを凝と見詰めて、その中から貴方の参考になるものを御攫《おつか》みなさい。

一人息子の私が両親をほぼ同時に亡《な》くしたのは、まだ二十歳《はたち》にならない時分でした。宅《うち》には相当の財産がありました。両親から信頼されていた叔父に万事を託し、私は東京へ来て、高等学校へ這入《はい》りました。ところが、私の財産は叔父に横領され、私の手元にはわずかな遺産しか残りませんでした。それでも大学生として生活するには十分以上でした。頼りにしていた叔父に騙された私は、金に対しては人類を疑ったけれども、愛に対しては、まだ人類を疑いませんでした。私は、軍人の未亡人《びぼうじん》（奥さん）とその御嬢さんと下女の住む素人下宿に下宿していましたが、家族同様に親しく暮らすうちに、何時しか、御嬢さんにほとんど信仰に近い愛を有つようになっていたのです。御嬢さんの事を考えると、気高い気分が自分に乗り移って来るように思いました。

大学の同じ科に、同郷で小供のころから仲好《なかよし》のKという友人がいました。寺に生まれた彼は、常に精進という言葉を使い、その行為動作も精進の一語で形容されるほどで、私は心のうちでKを畏敬していました。私は一所に向上の路を辿《たど》って行《ゆ》きたいと発議《はつぎ》して、Kを下宿の私の隣の部屋に住まわせました。彼は私の御嬢さんを愛している素振《そぶり》に全く気が付いていないように見えました。Kはそういう点にかけると鈍い人なのです。Kなら大丈夫という安心があったので、奥さんの反対にもかかわらず、彼をわざわざ連れて来たのです。

私はただ人間の罪というものを深く感じたのです

今まで書物で城壁をきずいてその中に立て籠っていたようなKの心が、段々打ち解けて来るのを見ているのは、私にとって何よりも愉快でした。ところが、ある日、Kの重々しい口から、彼の御嬢さんに対する切ない恋を打ち明けられたのです。私は石か鉄のように全身が急に固くなり、すぐ失策《しま》った、先《せん》を越されたなと思いました。しかし、Kはまだ奥さんにも御嬢さんにも話をしていないことを知り、私はひとまず安心しました。

私はKより先に、しかもKの知らない間《ま》に、事を運ばなくてはならないと覚悟を極めました。私はKも御嬢さんもいない時を見計らって、Kが最近何か云いはしなかったかと奥さんに聞いてみました。「何を？　貴方には何か仰《おつしや》ったんですか」と逆に聞かれ、私は「いいえ」といってしまった後で、すぐ自分の嘘を快からず感じました。そして、「奥さん、御嬢さんを私に下さい、妻として是非下さい」と云いました。男のように判然《はきはき》としたところのある奥さんは「宣《よ》ござんす、差し上げましょう」と云いました。

私と御嬢さんとの結婚を知ったKは自殺して死んでしまったのです。遺書には、自分は意志薄弱で到底行先の望みがないから、自殺すると記されていました。

大学を卒業後、私は御嬢さんと結婚しましたが、Kを忘れる事の出来ない私の心は常に不安でした。自分もあの叔父と同じ人間だと意識した時、私は急にふらふらしました。自分に愛想を尽かして動けなくなったのです。そして、人間の罪というものを深く感じ、その感じが私をKの墓へ毎月《まいげつ》行かせます。知らない路傍の人から鞭《むちう》たれたいとまで思った事もあります。死んだ気で生きて行こうと決心した事もありました。しかし、この牢屋《ろうや》から抜け出すには、自殺より外にないと感ずるようになったのです。

私がいなくなっても妻に衣食住の心配がないのは仕合せです。妻の知らない間《ま》に、こっそりこの世から居なくなるようにします。妻から頓死《とんし》したと思われたいのです。

▽「**私は死ぬ前にたった一人で好いから、他《ひと》を信用して死にたいと思っている。あなたはそのたった一人になれますか。なってくれますか。あなたは腹の底から真面目ですか**」
――「先生」の人生から教訓を得たいと思った「私」に対する「先生」の答えである。「先生」は、自分が受け取るはずの多額の財産を叔父に誤魔化されて、人間不信に陥っていた。一般に、「遺書」を書くのは、人間への信頼が多少でも残っているしるしである。

▽「**私は精神的に癇性なんです。それで始終苦しいんです**」――精神的に癇性という意味は、俗にいう神経質という意味か、倫理的に潔癖という意味か「私」には解らなかったと記されているが、両方を含み、とくに後者のニュアンスが強いと解釈できる。「先生」の自殺も自己を糾弾するきびしい倫理観ゆえである。精神的癇性は漱石自身のパーソナリティでもあり、「先生」もその一人である明治の知識人の特性と言えるのではなかろうか。

▽「**奥さんや御嬢さんが、僻《ひが》んだ私の眼や疑い深い私の様子に、てんから取り合わなかったのが、私に大きな幸福を与えたのでしょう。私の神経は相手から照り返して来る反射のないために段々静まりました**」――こちらが不機嫌な顔をしていると、相手も不機嫌になり、それを見て、こちらはますます不機嫌になる、というようなことがある。私たちの心は、このような心理の反射作用に左右されやすい。大切なのは、相手の不機

嫌には取り合わないで、いつも上機嫌を相手に放射することである。人間不信の「先生」の心も、下宿先の奥さんと御嬢さんの屈託のない対応でしだいに打ち解けてくる。

▽「**私は一層《いっそ》思い切って、有《あり》のままを妻に打ち明けようとした事が何度かあります。……私はただ妻の記憶に暗黒な一点を印《いん》するに忍びなかったから打ち明けなかったのです**」

――これは妻への愛情の現われのようにも思えるが、その底には、自分を妻によく思われたいという「先生」自身のエゴイズムがある。相手のことを考えているつもりで、実は、自分のことしか考えていないというのは、ほとんど避けがたい人間の習性ではなかろうか。

▽「**私は寂寞《せきばく》でした。何処《どこ》からも切り離されて世の中でたった一人住んでいるような気のした事も能《よ》くありました**」――「先生」の自殺にいたる心理過程の初期の段階である。すべてを空しく感じ、自分自身と向き合ううちに、ますます自分を逃げ場のないところへ追い込んで行き、最後は自分を「牢屋」に閉じ込めるというのが、自殺する者の心理のようである。「牢屋」は自分の妄想の産物にすぎないことを気づかせるのはなかなかむずかしい。

編者からひとこと　この小説を読むと自殺したくなると言った友人がいたが、漱石は自殺者の閉ざされた心理を描くことによって、自分の心を距離を置いて眺めることを、自殺以外に「牢屋」から脱出する方法があることを、読者に示唆しているのではなかろうか。

［文献案内］夏目漱石『こゝろ』（角川文庫）、『こころ』（岩波文庫、新潮文庫ほか）。

善とは自己の発展完成である

「善の研究」

西田幾多郎

著者と作品紹介

哲学者の西田幾多郎《にしだきたろう》(一八七〇―一九四五)は、石川県に生まれ、金沢の第四高等中学(のちの四高)で生涯の友となる鈴木大拙と知り合う。東京大学哲学科を卒業後、四高の教授を経て、京都大学哲学科倫理学講座の教授となり、一九四〇年、文化勲章を受章。「知」と「行」、「主観」と「客観」の合一に究極の価値を置く「西田哲学」と呼ばれる独創的な体系を築き、日本の哲学者、知識人に大きな影響を与えた。代表作『善の研究』

（一九一一）は、人間はいかに生きるべきか、人間がもっともよりどころとすべきものは何であるかという問題を考えた著作で、人間各人がそれぞれの個性を存分に発揮するところに人生の目的があるというのがその結論である。哲学研究の中心は人生の問題にあると、その序文に記されている。

要約

各自その天賦を発揮するのが人間の善である

人間は何を為《な》すべきか、善とはいかなるものであるか、人間の行動はどこに帰着すべきか。いかなる行為が善であって、いかなる行為が悪であるか。我々の意志が目的とすべき善、すなわち我々の行為の価値を定むべき規範はどこに求めねばならないのか。善とは、ただ意識の内面的要求より説明すべきものであって、外より説明すべきものではない。真理の標準は、意識の内面的必然にあって、善の根本的標準もここに求めねばならぬ。意識は意志の活動をもって始まり、これをもって終わる。意志は意識の根本的統一作用であって、善とは、我々の内面的要求、すなわち理想の実現、換言すれば、意志の発展完成であるということになる。

善とは理想の実現、要求の満足であるとすれば、この要求や理想は何から起り、善とはいかなる性質のものであろうか。意志とは意識の最深なる統一作用であって、すなわち自己そのものの活動であるから、意志の原因となる本来の要求あるいは理想は、要するに、自己そのものの性質より起るのである。我々の思惟、知覚、感情、衝動の根底には内面的統一なるものが働いているので、意識現象はすべてこの一なるものの発展完成である。この全体を統一する力が我々のいわゆる自己であって、意志はもっともよくこの力を発表したものである。

かく考えれば、意志の発展完成は自己の発展完成となり、善とは自己の発展完成 self-realization であるということができる。すなわち、我々の精神が種々の能力を発展し、円満なる発達を遂げるのが最上の善である。竹は竹、松は松と、各自その天賦を存分に発揮するように、人間が人間の天性自然を発揮するのが、人間の善である。

個人の善から人類一般の善へ

我々の意識現象には一つも孤独なるものがない、必ず他と関連している。一瞬の意識でも、その中に複雑な要素を含み、それらの体系が一生の意識となる。この全体を統一するのが人格である。人格とはこのような意識の統一力である。

善行為とはすべて人格を目的とした行為である。人格がすべての価値の根本であって、宇宙においてただ人格のみが絶対的価値をもつ。各自の客観的世界は各自の人格の反影であるということができる。各自の真の自己は、各自の前に現れたる実在の体系にほかならず、その人のもっとも真摯なる要求は、いつでもその人の見る客観的世界の理想と常に一致したものでなければならぬ。主客相没するところに、善行の極地がある。

人格は具体的には、個人性として現れる。意識現象ばかりでなく、各人の容貌、挙動にも個人性が現れている。この個人性は、人がこの世に生まれるとともに活動を始め、死に到るまで種々の経験と境遇とに従って種々の発展をなす。個人において絶対の満足を与えるものは、自己の個人性の実現、すなわち、他人に模倣できない自家の特色の発揮である。個人性の発揮は、その人の天賦境遇のいかんに関せず誰にも可能である。いかなる人間も、おのおのその顔の異なるように、他人の模倣できない特色をもっているのである。

元来、自己の中心は個体の中に限られたものではない。母の自己は子の中にあり、忠臣の自己は君主の中にある。自分の人格が偉大になるに従って、自己の要求が社会的となってくるのである。国家は今日のところでは共同的意識のもっとも偉大なる発現ではあるが、我々の人格的発展はここに止まることはできず、なお一層大なるもの、すなわち、人類的社会の団結を要求する。

真の善とは、真の自己を知るということに尽きる。我々の真の自己は宇宙の本体であり、真の自己を知れば、人類一般の善と合するばかりでなく、宇宙の本体と融合し、神意と冥《みょう》合《ごう》するのである。かくのごとくしてはじめて真に主客合一の境に到ることができる。

読みどころと名言

▽**「我々が物を知るということは、自己が物と一致するというにすぎない。花を見たときは即ち自己が花となっているのである」**——西田哲学の中心テーマである、主観と客観の合一をめぐって、さまざまな記述が試みられているが、これはそのわかりやすい一例である。「純主観的」では何ごとも不可能であって、主観的臆断を捨て、「客観的自然」に従うことによって、はじめてものごとを理解し、動かすこともできる。水を動かすには水の性質に、人を支配するには、人の性質に従うしかない。

▽**「善の概念は美の概念と近接してくる。美とは物が理想の如くに実現する場合に感ぜらるるのである。理想の如く実現するというのは物が自然の本性を発揮する謂である。それで花が花の本性を現じたるとき最も美なるが如く、人間が人間の本性を現じたときは美の頂点に達するのである。善は即ち美である」**——古代ギリシアの哲学者、プラトンは、真理と善と美を同一のものと考えた。これらに共通するのは「自然の本性」の発現である。

▽**「自己の全力を尽しきり、殆ど自己の意識が無くなり、自己が自己を意識せざる所に始めて真の人格の活動を見るのである」**——いわゆる「没我」の境地である。われを忘れて行うとき、「真の人格」「自己の本体」が現れると著者はいう。その例として、画家の場合が指摘されている。画家が意識的に何か創意工夫を施そうとするうちは、画家

の人格が見られないが、筆が自ら随《したが》うところに到ってはじめて画家の人格が現れる。

▽**「我が見る世界を離れて我はない」**──客観世界は自己の反影であるように、自己は客観世界の反影でもある、と著者はいう。自己は自己のみで存在するのではなく、自己が認識する世界とともに存在する。主観と客観には主従の区別がなく、両者が一致するところに存在するものを著者は「実在」と呼ぶ。この「実在」に到る活動が善である。

▽**「従来世人はあまり個人的善ということに重きを置いておらぬ。しかし余は個人の善ということは最も大切なるもので、凡《すべ》て他の善の基礎となるであろうと思う。真に偉人とはその事業の偉大なるが為に偉大なるのではなく、強大なる個人性を発揮した為である。余は自己の本分を忘れ徒《いたず》らに他の為に奔走した人よりも、能《よ》く自分の本色を発揮した人が偉大であると思う」**──善は個人の心のもっとも深いところから発し、普遍的価値を持つに到るというのが、西田幾多郎の思想の基本である。このような個人主義と相反するのが、利己主義、自己の快楽を目的とした我儘《わがまま》である。

編者からひとこと　「主客合一」あるいは「自己の本体を知る」といった表現がわかりにくいかもしれない。禅の悟りの境地に通ずるもので、言葉で言い表わすのはむずかしい。西田幾多郎は若いころから参禅の経験を積み、それが西田哲学の基礎になっている。

[文献案内]　西田幾多郎『善の研究』(岩波文庫)、『善の研究〈全注釈〉』(講談社学術文庫)。

悟りとは如何なる場合にも平気で生きていること

「病牀六尺」

正岡子規

著者と作品紹介

俳人・歌人の正岡子規《まさおかしき》（一八六七—一九〇二）は、松山市に生まれ、東京大学国文科中退後、雑誌「ホトトギス」を通して、写生を旨とした俳句革新を提唱し、『歌よみに与ふる書』で短歌革新にのりだす。二十代はじめから喀血《かっけつ》をくりかえし（俳号の子規はホトトギスの意で、「鳴いて血を吐くホトトギス」から）、二十九歳のとき、脊椎カリエス（カリエスは骨が腐るという意味）と診断され、歩行不可能となり、以後、病床生活にはいるが、精力的に創作活動をつづけ、随筆『松蘿玉液《しょうらぎょくえき》』、俳論『俳諧大要』などの著作のほか、病床の記録として、『墨汁一滴《ぼくじゅういってき》』、『仰臥漫録《ぎょうがまんろく》』、そして、死の四か月半前から二日前まで書きつづけられた『病牀 六尺《びょうしょうろくしゃく》』（一九〇二）を残した。死を目前にした人間の壮絶極まりない記録である。

要約

この苦痛は一度死んだ人でなければわからぬ

病床六尺、これが我世界である。しかもこの六尺の病床が余には広過ぎるのである。僅《わず》かに手を延ばして畳に触れる事はあるが、蒲団《ふとん》の外へまで足を延ばして体をくつろぐ事も出来ない。甚《はなは》だしい時は極端の苦痛に苦しめられて五分《ごぶ》も一寸も体の動けない事がある。苦痛、煩悶、号泣、麻痺剤、僅かに一条の活路を死路の内に求めて少しの安楽を貪《むさぼ》る果敢《はか》なさ。毎日見るものは新聞雑誌に限っておれど、読めば腹の立つ事、癪にさわる事、たまには何となく嬉しくてために病苦を忘るるような事がないでもない。

余この頃精神激昂《げっこう》苦悶やまず。睡覚《ねむりさ》めたる時殊《こと》に甚だし。寝起きを恐るるより従って睡眠を恐れ、従って夜間の長きを恐る。

病に寝てより既に六、七年、車に載せられて出ることも一昨年以来全く出来なくなりて、ずんずん変わって行く東京の有様は僅かに新聞で読み、来る人に聞くばかりのことで、何を見たいと思っても、最早我が力に及ばなくなった。そこで自分の見た事のないもので、ちょっと見たいと思うものを挙げると、活動写真、自転車の競争及び曲乗、動物園の獅子及び駝鳥《だちょう》、浅草水族館、自働電話及び紅色郵便箱、ビヤホール、女剣舞、蝦茶袴《えびちゃばかま》の運動会。

病勢が段々進むに従って何とも言われぬ苦痛を感ずる。それは一度死んだ人かもしくは死際にある人でなければわからぬ。この苦痛は誰も同じことと見えて、黒田如水《くろだじょすい》などという豪傑さえも、やはり死ぬる前にひどく家来を叱りつけたという。苦しい時の八つ当たりに家族の者を叱りつけるなどは余一人ではないと見える。

余は今まで禅宗のいわゆる悟りという事を誤解していた。悟りという事は如何なる場合にも平気で死ぬる事かと思っていたのは間違いで、悟りという事は如何なる場合でも平気で生きている事であった。

誰かこの苦《くるしみ》を助けてくれるものはあるまいか

病床に寝て、身動きの出来る間は、敢《あえ》て病気を辛しとも思わず、平気で寝転んでおったが、この頃のように、身動きが出来なくなっては、精神の煩悶《はんもん》を起して、ほとんど毎日気が狂ったような苦しみをする。この苦しみを受けまいと思って、色々に工夫して、あるいは動かぬ体を無理に動かして見る。いよいよ煩悶する。頭がムシャムシャとなる。もはやたまらんので、こらえにこらえた袋の緒は切れて、遂に破裂する。もうこうなると駄目である。絶叫。号泣。ますます絶叫する、ますます号泣する。もし死ぬることが出来ればそれは何よりも望むところである。しかし死ぬることも出来ねば、殺してくれるものもない。誰かこの苦を助けてくれるものはあるまいか。

病勢が進んで来ると、眼の前に少し大きな人が坐っていても非常に息苦しく感ずるので、客が来ても、なるべく眼の正面をよけて横の方に坐ってもらうようにする。ランプでも盆栽でも眼の正面一間位な間を遠ざけて置いてもらう。眼の高さと同じかそれより高いものが我が前にあるとうるさく感ずる。病気になるとつまらない事に苦しまねばならぬ。

このごろはモルヒネを飲んでから写生をやるのが何よりの楽しみとなっている。きょうは相変わらずの雨天に頭がもやもやしてたまらん。朝はモルヒネを飲んで蝦夷菊《えぞぎく》を写生した。午後はまだ薬を飲む時間には少し早かったが、余りの苦しさに二度目のモルヒネを飲んで忘れ草という花を写生した。失敗をやらかし、また石竹《せきちく》を一輪画いた。

一日のうちに我痩足《やせあし》の先俄《にわ》かに腫《は》れ上りてブクブクとふくらみたるそのさま火箸のさきに徳利をつけたるが如し。医者に問えば病人にはありがちの現象にて血の通いの悪きなりという。とにかくに心持ちよきものには非《あら》ず。

人間の苦痛は極度まで想像せられるが、それが我が身に来るとは想像せられぬ事である。

俳病の夢みるならんほとゝぎす拷問などに誰がかけたか

読みどころと名言

▽「**病床を取巻いて居る物を一々数えて見ると、何年来置き古し見古した蓑《みの》、笠、伊達政宗《だてまさむね》の額、向島百花園《むこうじまひゃっかえん》晩秋の景の水画《みずえ》、写真双眼鏡、河豚《ふぐ》提灯などなど**」——蓑と笠は元気な頃に旅行で使用したもので、それを見ては旅の思い出に浸っていた。写真双眼鏡は、活動写真を見たいという子規の言葉に、弟子が贈ったもので、写真が立体的に見える覗き眼鏡である。そのほか、直径三寸の地球儀、剝製のホトトギス、軒先の鳥かごなどたくさん。

▽「**病人を介抱すると言ふのは畢竟《ひっきょう》病人を慰めるのにほかならんのであるから、教へることも出来ないやうな極めて些末なる事に気が利くやうでなければならぬ**」——病人ほど我ままなものはない。看病にあたっていた母親と妹への不満が随所に記されているが、彼らを責めることはできない。どんな優秀な看護人も病人の要求に完全に対応することはできないからである。ナイチンゲールは「看護ほど、自分自身はけっして感じたことのない他人の感情のただ中へ自己を投入する能力を必要とされる仕事はほかにはない」と言っている。

▽「**家庭の事務を減ずるために飯炊会社を興して飯を炊かすやうにしたならば善からうといふ人がある。それは善き考である**」——病人の看護に追われる家族には、飯を炊く時間も惜しい。それを察しての言葉であるが、同時に、子規の旺盛な好奇心をうかがわ

せる。日本にはじめて野球を紹介したのは子規である。なお、一九二一（大正十）年に、「炊飯電熱器」が発売されている。

▽**「梅も桜も桃も一時に咲いている、美しい岡の上をあちこちと立つて歩いて、こんな愉快な事はないと、人に話しあった夢を見た。睡眠中といへども暫時《ざんじ》も苦痛を離れる事の出来ぬこの頃の容態にどうしてこんな夢を見たか知らん」**——『墨汁一滴』には、「夢の中では今でも平気に歩行《ある》いている。しかし物を飛びこえねばならぬとなるといつでも首を傾《かし》げる」と記されている。「足たたば黄河の水をかち渉《わた》り……」という和歌も詠んでいる。

▽**「『病牀六尺』が百に満ちた。一日に一つとすれば百日過ぎたわけで、百日の日月は極めて短いものに相違ないが、それが余にとっては十年も過ぎたやうな感じがする」**——五月五日からほぼ毎日、新聞に連載した。新聞社は原稿を送るための状袋《じようぶくろ》を三百枚用意し、この時点で残りは二百枚。二百日もすれば梅の花が咲いてくる。「果して病人の眼中に梅の花が咲くであろうか」と子規は書いたが、連載は百二十七回で終わった。

編者からひとこと　子規にとって病床の六年は、苦痛極まりない時間であると同時に、もっとも創造的な最後の時間でもあった。精神医学者のフロイトは「死んだ人間にたいして、われわれは特別な態度を取る。非常に困難な仕事をなしとげた者にたいする何か讃美のような態度を」と言っているが、同じことを子規にたいして感じる。

［文献案内］正岡子規『病牀六尺』（岩波文庫）。

おのれを知るを、もの知れる人といふべし

「徒然草」

吉田兼好

著者と作品紹介

鎌倉時代の歌人で随筆家の吉田兼好《よしだけんこう》（一二八三頃－一三五〇）は、三十歳の頃に出家し、歌人として、また、古典学者、有職故実家《ゆうそくこじつか》（朝廷や武家の儀礼、法令などの専門家）、能書家《のうしょか》として活躍した。随筆集『徒然草《つれづれぐさ》』は、二十代末から約二十年間にわたって断続的に書かれたものと推定されている。「つれづれなるまゝに、日くらし、硯《すずり》にむかひて、心に移りゆくよしなし事《ごと》を、そこはかとなく書きつくれば、あやしうこそものぐるほしけれ」という序段に、長短二百四十三段の文章がつづく。名利《みょうり》の世界を避け、静かで敬虔な生活を楽しむことこそ、本当の人間としての生き方であるという著者の思想とともに、同時代の噂話や奇談なども好奇心旺盛に語られている。日本随一の随筆集である。

要約

よろずのこと、外に求むべからず

高倉院の法華堂のなにがしという僧が、ある時、鏡に映る自分の顔をつくづくと見て、自分の容貌が醜く、あまりにひどいことを情けなく思い、鏡そのものが嫌いになり、それからというもの、恐ろしくて鏡を手に取ることもなくなり、そのうえ、人前に出ることもなくなった。法華堂の勤めに出るだけで、部屋に閉じこもっていたというが、めずらしく感心なことであると思った。

賢そうに見える人も、他人のことばかり気にして、自分自身のことはいっこうに御存知《ごぞんじ》ない。自分を知らないで、他人を知ることができるはずがない。おのれを知っている人こそ、本当にものを知っている人と言うべきである。自分の醜さも知らず、心の愚かさも知らず、芸の拙《つたな》さも知らず、年老いたことも知らず、病に冒されていることも知らず、死の近きことも知らず、我が身の欠点も知らない人の何と多いことだろう。みずからの拙さに気づいたならば、ただちに退《しりぞ》くのがよい。手の届かないことを望み、望みが叶わぬことを憂え、来ることもないものを待ち、人に媚びるのは、自分を辱《はずかし》めるだけのことである。

碁盤の隅に石を置いて、対角線上の、反対側の隅にある石に当てる遊びで、向こうの石をじっと見つめて石をはじくと、当たらない。自分の手元をよく見て、碁盤に印されている黒い点を目がけてまっすぐにはじけば、かならず命中する。

よろずのこと、外に求むべからず。もっとも身近なところ、自分自身を正しくすべきである。宋の時代の名臣、清献公《せいけんこう》は、「ひたすら善行に励み、その報いや先のことなどは考えるな」と言った。一国の平安を保つ方法も同じである。心に慎重さを欠き、軽率、気まま、ふしだらであるならば、かならず反乱が起り、その時になって対策を考えても遅い。

死を憎まば、生を愛すべし

ほんのわずかな時間を惜しむような人はいない。しかし、わずか一銭でも、これを積み重ねれば、貧しい人も富める人となる。わずか一銭でも惜しむ商人の気持ちには切実なものがある。ほんの一瞬の短い時間は意識されなくても、これを絶えることなく送りつづければ、命の尽きる最期の時に到る。

仏道を修行する者は、遠い先のことを考えて時間を惜しむのではなく、今のこの一瞬を空しく過ごすことを戒めるべきである。もし、誰か人が来て、あなたの命は明日かならず失われると告げられたら、今日一日の暮れるまで、何ごとを頼りにし、どう過ごしたらよかろうか。我らが生ける今日の日も、明日は死ぬと言われたその時と、何の違いがあろうか。飲食、便通、睡眠、四方山《よもやま》話、散歩などによって一日の多くの時間が失われ、その残りのわずかな時間も、無益なことを行い、無益なことを話し、無益なことを考え、こうして一日が消え、一月が過ぎ、一生を送る。何とも愚かなことだ。

大きな器に水を入れ、小さな穴をあけると、ほんのわずかな滴《したた》りでも、絶え間なく漏れれば、やがて水はなくなる。都で人の死なない日はない。一日に一人、二人どころではない。棺《ひつぎ》は作ればすぐ売れるという有様である。若さや強さに関係なく、思いがけずやってくるのが死というものである。今日まで死を免れてきたのは、むしろありがたき不思議とさえ思えるほどである。

人間というものは、誰しも死を憎んでいる。それならば、生を愛すべきではなかろうか。なぜ、この世に生きている喜びを、日々味わい、楽しもうとしないのか。愚かなる人は、この楽しみを忘れ、ご苦労千万にもほかの楽しみを求める。生命という宝物をないがしろにして、ほかに宝物を求め、貪るというのは何とも危なっかしいことで、そんなことではけっして心が満たされることはない。生きている間に日々の生を楽しまずに、死に臨んで死を恐れるのは、いつ自分が死ぬかもしれないということを忘れているからである。

▽**「命長ければ、辱《はぢ》多し。長くとも、四十《よそぢ》に足《た》らぬほどにて死なんこそ、めやすかるべけれ」**（第七段）――長生きすれば、それだけ恥をかくことも多い。四十歳にもならぬうちにこの世を去るのが無難だと言っているが、兼好がこの文章を書いたのは、三十代半ばの頃と推定されている。彼が恐れたのは、長生きして老醜をさらすことである。しかし、死期ばかりはどうすることもできない。兼好が世を去ったのは六十代末である。

▽**「つれ〴〵わぶる人は、いかなる心ならん。まぎるゝ方《かた》なく、たゞひとりあるのみこそよけれ」**（第七十五段）――「つれづれ」は、何もすることがないさまをあらわし、かならずしも退屈しているとは限らない。他人に邪魔されずに、ただ独りでいることこそ、何よりも結構なことだというのが、兼好の終始一貫した「孤独のすすめ」の思想である。

▽**「高名《かうみやう》の木登りといひし男、人を掟《おき》てて、高き木に登せて、梢《こずゑ》を切らせしに、いと危《あやう》く見えしほどは言ふ事もなくて、降るゝ時に、軒長《のきたけ》ばかりに成りて、『あやまちすな。心して降りよ』と言葉をかけ侍《はんべ》りし」**（第百九段）――木に登って枝打ちをする名人が、弟子に秘法を伝授する話である。軒の高さほどまで降りてきたところで、はじめて注意をうながす。容易に見えるところへ来て気を抜くため、過ちやすい。蹴鞠《けまり》でも、「難《かた》き所を蹴《け》出《いだ》してのち、安く思へば必ず落つと侍るやらん」とあるが、万事にあてはまることである。

▽「**筆を取《と》れば物書《ものか》かれ、楽器《がくき》を取れば音《ね》を立てんと思ふ。盃《さかづき》を取れば酒を思ひ、賽《さい》を取れば攤打《だ》たん事を思ふ。心は、必ず、事に触れて来《きた》る**」（第百五十七段）——勉強や仕事の仕方、始め方についての名言である。勉強や仕事をはじめようとしても、なかなか気が向かないときがある。心を心で動かすのは難しい。それより、まず机に向かい、本を開く。骰子《さいころ》を手にすれば、双六がしたくなるのと同じで、本に触れると、本を読みたい気持ちが発生する。それが「触発」というものである。

▽「**人としては、善に伐《ほこ》らず、物と争はざるを徳とす。他に勝ることのあるは、大きなる失《しつ》なり。品《しな》の高さにても、才芸のすぐれたるにても、先祖の誉《ほまれ》にても、人に勝れりと思へる人は、たとひ言葉に出《いで》てこそ言はねども、内心にそこばくの咎《とが》あり。慎みて、これを忘るべし**」（第百六十七段）——自慢を戒める言葉である。内心でそう意識していること自体、多くの欠点があるしるしであって、そんなことは忘れるがよい、本当に一芸に通じた人は、自分の至らない点をよくわきまえているので、けっして自慢話はしない、と兼好は言う。

（編者からひとこと）兼好に妻子があったかどうかは不明であるが、「子故《ゆゑ》にこそ、万《よろづ》のあはれは思ひ知らるれ」という荒武者の言葉に共感を示す一節（第百四十二段）から、子供がいたのではないかと推察される。子供を育てた者でなければわからない言葉である。

［文献案内］今泉忠義訳注『徒然草』（角川ソフィア文庫）、西尾実・安良岡康作校注『徒然草』（岩波文庫）。

人間を救うのは自力ではなく他力である

「歎異抄」

親鸞

著者と作品紹介

浄土真宗の開祖、親鸞《しんらん》（一一七三―一二六二）は、九歳で出家し、比叡山での二十年間の修行の後、浄土宗の開祖、法然に弟子入りする。新興の浄土宗にたいする弾圧に関連して、法然は土佐に、親鸞は越後に流され、豪族の娘、恵信尼と結婚する。流罪放免の後、関東に移住して布教活動を行い、阿弥陀仏《あみだぶつ》（略して、弥陀《みだ》）の絶対的な力（他力）を信ずることによって、すべての人間は「極楽往生」できるという教え（後に浄土真宗と呼ばれる）を広めた。『歎異抄《たんにしょう》』は、親鸞没後、真宗教団に生まれた異端の説を歎き（書名の由来）、開祖の正しい教えを示すために、弟子の唯円《ゆいえん》が親鸞の言葉を書き記したものである。親鸞には主著『教行信証《きょうぎょうしんじょう》』のほか書簡集などもあるが、『歎異抄』にはその思想がもっとも端的に記されている。

要約

たった一度の念仏で極楽往生

阿弥陀仏の不思議な力に救われて、極楽浄土に生まれることができると信じて、南無阿弥陀仏と念仏を称《とな》えようと思い立つ心の起るとき、そのときすでに阿弥陀仏から、すべての人を救い取ってけっして捨てないという恵みが与えられているのである。このような弥陀の本願には、老人と若者、善人と悪人というわけへだてはない。必要なのはただ信心だけであると知るべきである。そのわけは、深く重い罪悪やはげしい煩悩に苦しみ悩む人びとを救おうとするために立てられた本願だからである。

したがって、本願を信ずるには、ほかの善行は必要ではない。念仏にまさる善行はないからである。自分が犯した悪行も恐れるにはおよばない。弥陀の本願をさまたげるほどの悪はないからである。

親鸞においては、「ただ念仏して、弥陀に救われなさい」という師の教えを頂いて、これを信じているだけで、ほかに理由はない。念仏が、本当に浄土に生まれる原因なのかどうか、また、地獄におちる所業となるのかどうか、そういったことはまったく私の知らないことである。たとえ法然上人にだまされて、念仏したがために地獄におちたとしても、けっして後悔することはないであろう。というのは、念仏以外の修行によって仏になるはずであった者が、念仏を称えたために地獄におちたとしたら、だまされたと後悔するであろうが、しかし、私のようにどのような修行もできない者は、地獄におちるときまっているはずだから別に後悔することもない。

弥陀の本願がまことであるならば、釈尊《しゃくそん》の教えに嘘いつわりがあろうはずがない。釈尊の教えがまことであるならば、どうして法然の仰せがいつわりであろうか。法然の仰せがまことならば、親鸞の申すことも、虚言であるはずがない。

要するに、愚かな私の信心はこのようなものである。念仏を選んで、弥陀を信じるか、それとも、捨てるかは、ひとりひとりの考えしだいである。

他力をたのむ悪人こそ往生するにもっともふさわしい

善人でさえ極楽往生できるのに、まして悪人にできないはずがない。ところが、世の人は、悪人でさえ極楽往生できるのだから、まして善人にできないはずがない、と言っている。これには一理あるようにも見えるが、弥陀の本願他力の趣旨にそむいている。そのわけは、自力で極楽往生するために善行を為す人は、他力をたのむ心に欠け、弥陀の本願にそぐわないからである。しかし、自力の心をひるがえし、他力をたのむならば、本当の浄土に往生できるのである。

煩悩にとらわれた私たちが、どのような修行をしても迷いの世界から解放されないことを哀れんで願を立てられた弥陀の本意は、悪人を成仏させるところにある。他力をたのみにする悪人こそ、極楽往生するにもっともふさわしい人なのである。それで、善人でさえ極楽往生できるのに、まして悪人にできないはずがない、というのである。

信心が定まったならば、往生は弥陀のはからいによることであって、私のはからいには関係がない。自分の行いが悪くても、本願の力を仰ぐならば、自然の道理によって、安らかな落ち着いた心も生まれてくるであろう。

極楽往生するには、すべて何ごとにつけ、小賢《こざか》しい自分の考えを捨て、ただほれぼれと弥陀の御恩の深重《しんじゅう》なることをいつもいつも思い出すのがよい。そのようにしていると、おのずから念仏が称えられるのである。これが自然《じねん》ということである。

自分のはからいを加えないことを、自然という。これがすなわち、他力ということである。ところが、自然ということがこれとは別にあるように、物知り顔に言う人があると聞くが、何とも情けないことである。

読みどころと名言

▽「弥陀《みだ》の誓願《せいぐわん》不思議にたすけられまいらせて、往生《わうじやう》をばとぐるなりと信じて、念仏まうさんとおもひたつこゝろのをこるとき、すなはち摂取不捨《せふしゆふしや》の利益《りやく》にあづけしめたまふなり」――この『歎異抄』冒頭の言葉に、親鸞の宗教思想が要約されている。阿弥陀は、無限を意味するサンスクリット語の読みを漢字で表記したもので、無限の光で輝き、無限の寿命を持つとされている。弥陀がつくりあげた理想郷、極楽浄土は、あらゆる金銀宝石で飾られ、河は砂金で敷きつめられ、香り豊かな水が甘美な響きをたてて流れ、寒からず暑からず、ここに住む者は、何か食べたいと思うだけで自然に満ち足り、苦しむこともなく、無限の生命を楽しむことができる、と浄土三部経のひとつ『大無量《だいむりよう》寿経《じゆきよう》』に記されている。死後、このようなすばらしい所に生まれ変わること（極楽往生。単に、往生）を希求する「浄土信仰」が平安時代以降さかんになった。その方法をめぐってさまざまな宗派が生まれたが、親鸞のユニークなところは、たった一度、南無阿弥陀仏（阿弥陀仏を信じます、という意味）と称えるだけで往生できると説いたことである。弥陀が極楽浄土をつくる際、すべての人を救うという「摂取不捨」の請願をたてたことがその根拠となっている。全部で四十八の請願があるが、これこそが中心と考えられ、「本願」とよばれるようになった。

▽**「廻心《ゑしむ》は、日ごろ本願他力真宗をしらざるひと、弥陀の知慧をたまはりて、日ごろのこゝろにては、往生かなふべからずとおもひて、もとのこゝろをひきかへて、本願をたのみまいらするをこそ、廻心とはまうしさふらへ」**――廻心は、回心ないし改心の意で、親鸞はこれを重視した。弥陀の本願を知らなかった人が、自力では往生がかなわないことに気づき、それまでの自力信仰を捨て、他力信仰に帰依することが、廻心である。キリスト教でいう「悔い改め（ギリシア語でメタノイア）」に相当する。廻心もメタノイアも、心の向きを変えるというのが原義である。

▽**「なにの学問かは往生の要《えう》なるべきや」**――親鸞没後、教団内に、経典を読めないような無学の者がはたして往生できるか否か不明であるという説が生まれた。往生に学問不要というのが親鸞の考えである。学問をして名誉や財宝を求める人が往生できるかどうか危うい、とも言っている。また、仏事へ寄付する金品の多寡で往生が左右されるといった考えは、言語道断であるとも言っている。「他力に心をかけて信心ふかくば、それこそ願の本意にてさふらはめ」とあるように、往生に必要なのは念仏のみである。

編者からひとこと　平安時代、極楽往生は、財力のある貴族や修行に没頭できる高僧など、エリートたちの特権であった。これをすべての人に開放したのが法然であり、さらに徹底したのが親鸞である。戒律も修行も無用とした親鸞の教えは革命的であった。

［文献案内］千葉乗隆訳注『新版　歎異抄』（角川ソフィア文庫）、金子大栄校注『歎異抄』（岩波文庫）。

人の悟りを得る、水に月の宿るがごとし

「正法眼蔵」

道元

著者と作品紹介

曹洞宗の開祖、道元《どうげん》（一二〇〇―五三）は、十三歳で出家し、比叡山で学んだのち、二十三歳のとき、宋の時代の中国にわたり、四年間、諸寺を歴訪して禅の修行をかさね、悟りを得る。帰国後、坐禅こそ正しい仏法であることを説き、坐禅の方法や心得を広め、越前に永平寺を開き、厳しい修行に専念した。『正法眼蔵《しょうぼうげんぞう》』は、三十一歳の執筆開始から没年まで説きつづけられ、曹洞宗の根本経典とされている。只管打坐《しかんたざ》（ひたすら坐禅すること)、修証一等《しゅしょういっとう》(修行と悟りは一体であること)など、道元の禅の真髄が簡潔な和文で語られているが、同時に、存在や時間など、古来の哲学的問題も扱われ、日本人の書いた最高の哲学書でもある。書名は、仏の正しい教えをすべて包み、明らかにする、という意味である。

要約

仏道を習うということは、自己を習うことである

仏道を習うということは、自己を習うことである。自己を習うということは、自己を忘れることである。自己を忘れるということは、一切の存在のなかに自己を投げ出すことである。そこに、どこでどう悟りを得たかもわからない悟りがある。

人がはじめて真理を求めるとき、はるかに真理のありかを離れたところにいる。真理が自分に正しく伝わったとき、すみやかにその人本来の人間になる。

舟に乗って進むとき、眼をめぐらして岸を見れば、岸が動いているように見誤る。眼を舟に向ければ、動いているのは舟であることがわかる。これと同じように心身が乱れた状態で世界を見まわせば、自分の心や自分の本性は不変のものであるかのように思い誤る。日常の行為すべてに自分の心を込め、自分本来の在り方と結びつけるならば、一切の存在

が無我であることがあきらかとなる。

人が悟りを得るのは、水に月が宿るようなものである。月はぬれず、水はやぶれない。広くて大きな光ではあるが、小さな器の水に宿り、月全体も空全体も、草の露にも宿り、一滴の水にも宿る。月が水を穿《うが》たないように、悟りも人をやぶることはない。悟りとは本来の在り方通りになることであり、人によって悟りにちがいはない。

仏法の真理がいまだ十分に身につかないとき、仏法はすでに自分に満ち足りていると思う。これに対して、仏法が十分に身についたとき、自分にはどこか足りないところがあるように思うものである。

水を知りつくし、空を知りつくしてのち、水や空を行こうとする魚や鳥がいるとしたら、水にも空にも道と所を得ることができないであろう。この現在を堂々と生きて道と所を得ているならば、日常生活の一切が仏法の真理の現われとなる。

（「現成公案《げんじようこうあん》」より）

時間と存在は一体である

時間は存在するものとともにあり、存在は時間の経過とともにある。時間の不断の連続そのものが存在者であり、このように時間と存在とが一体となったものが有時《うじ》である。一丈六尺の黄金の仏身は、すなわち時間である。時間が荘厳なる光明として輝いているのである。そのことを一日二十四時間について学ぶがよい。

われが隙間なく配列されたもの、それが世界全体である。このような世界全体のその時どきに存在するひとつひとつのものが、時間そのものであると見なすべきである。われが対している世界を構成しているのは、われであり、この世界は自己の展開にほかならない。自己が時であるという道理はこのようなものである。

松も時であり、竹も時である。時間は飛び去るものとのみ理解してはならない。もし、飛び去るものだけのものとすれば、隙間ができてしまうであろう。世界に存在するすべてのものはひとつに連なりながら、その時どきをあらわしているのである。時間の全体が存在の全体であり、これによって世界は尽くされており、余分なものはない。

有時には、経歴《きょうりゃく》という本性がある。経歴とは、いついかなる時も、現在であるということである。今日も現在であり、明日も、昨日も現在である。本来の姿が、勢いよくはねる魚のように生き生きしていること、それが有時である。時間というものをただ過ぎ去るものと理解するなら、いまだ到らない未来も時であることに気がつかない。

経歴を、風や雨が東から西へ、西から東へと去来するようなものと考えてはならない。経歴は、たとえば、さまざまなものが花開き、さまざまな光景を呈する春のようなものである。そこにはすべての時がおさめられている。百千世界をゆきすぎ、百千万年を経過することを経歴と思うのは、仏道を学ぶことに専念していないからである。有時に、この永遠なる現在に、徹すべきである。

（「有時」より）

読みどころと名言

▽**「大師釈尊《しやくそん》、坐禅より得道《とくだう》せり。このゆゑに正門《しやうもん》なることをあひつたへたるなり。しかのみにあらず、西天東地《さいてんとうち》の諸祖、みな坐禅より得道せるなり」**（「辦道話《べんだうわ》」）——坐禅こそ正しい仏法であることを説く。仏教の開祖、釈尊が坐禅により悟りを開き、また、それを伝えた人びとも同様であったというのが、その理由である。

▽**「仏祖の大道《だいだう》を行持《ぎやうぢ》せんには、大隠小隠《だいいんせういん》を論ずることなく、聡明鈍癡《そうめいどんち》をいとふことなかれ。たゞながく名利をなげすてゝ、万縁《ばんえん》に繋縛《けばく》せらるゝことなかれ。光陰《くわういん》をすごさず、頭燃《づねん》をはらふべし。大悟《だいご》をまつことなかれ、大悟は家常の茶飯《さはん》なり」**（「行持・上」）——行持は、修行の持続という意味で、仏法の修行で大切なのは、自立の度合い（大隠は環境からの支配を脱しきった者、まだ脱しきれないのが小隠）や頭の良し悪しなどではなく、時間を無駄にせず、頭髪に火がついたのをもみ消すように、一刻の猶予もなく修行することである、と述べている。その場合、悟りを得ることを考えてはいけない、悟りは特別なものではなく、行持のなかでおのずからやってくるものである。

▽**「香厳《きやうげん》の智閑《しかん》禅師は、一日、わづかに道路を併浄《ひんじん》するに、礫《かはら》のほどばしりて竹にあたりて声をなすによりて、忽然《こつねん》と悟道《ごだう》す」**（「行持・上」）——九世紀の中国の禅僧、香厳智閑《きょうげんちかん》は、なかなか悟りを開くことができず、書物を焼き捨て、諸国を遍歴し、ある山に草

を結んで庵をつくり、修行一筋の生活にはいった。ある日、道を掃除していると、小石が飛んで、竹に当たった。智閑は、その音で一瞬にして悟りを開くことができた。日常の生活のなかで、何気ないとき、悟りはやってくる。香厳は中国・河南省にある山の名。

▽**「青山《せいざん》の運歩《うんぽ》は其《ご》疾如風《しつにょふう》よりもすみやかなれども、山中人は不覚不知なり」**（「山水《さんすい》経《きょう》」）――道元の言葉は難解である。難解をこなすには、想像力が必要である。山は風よりも速く動くが、山のなかにいる人にはそれがわからないというのが、この文章の字面の意味である。さまざまに解釈されているが、「青山」を地球、「山中人」を地球に住む人間とすると、合点がいく。地球の自転・公転は人間には意識されない。

▽**「花開世《かかいせ》界起《かいき》なり。花開世界起の時節、すなわち春到《しゅんとう》なり」**（「梅花」）――これも、道元特有の宇宙論と解すると、約百三十七億年前にビッグバン（花開く）によって宇宙が生まれた（世界起）という、現代の物理学者の主張する説に通ずるものがある。

（編者からひとこと）日常の生活そのものが修行であるというのが道元の考えである。『正法眼蔵』には、難解な仏法とともに、挨拶の仕方、洗面の方法や歯の磨き方なども記され、また、料理に関する書『典座《てんぞ》教訓』なども書かれている。心身一体の考えである。

［文献案内］水野弥穂子校注『正法眼蔵』（岩波文庫）、増谷文雄全訳注『正法眼蔵』（講談社学術文庫）、森本和夫『正法眼蔵・読解』（ちくま学芸文庫）。

姿は聖人にて、心は濁りに染めり

「方丈記」

鴨長明

著者と作品紹介

歌人で随筆家の鴨長明《かものちょうめい》(一一五五?―一二一六)は、京都・下鴨神社の神官の家に生まれたが、十九歳頃父を失い、神官として昇進できないこともあって、琵琶と和歌を学んでその名手となり、『千載和歌集』に一首、『新古今和歌集』に十首入集。父親ゆかりの神社の神官に推挙されるが、同族の妨害で実現せず、失意のうちに五十歳の頃、出家し、隠棲。『方丈記《ほうじょうき》』(一二一二)は、大火や台風、飢饉、大地震などで荒廃する都の様子を通して、世の無常を訴え、同時に、世を逃れて山中に隠棲するシンプル・ライフを謳歌しながらも、なかなか達観できない自分を戒める、自己省察の書である。「方丈」は約三・三メートル四方の庵にちなんだもの。歌論書『無名抄《むみょう》』、仏教説話集『発心集《ほっしん》』の著作もある。

要約

すべては過ぎ去り、消え行く

ゆく河の流れは絶えずして、しかも、もとの水にあらず。淀みに浮かぶ泡は消えたり、生まれたりして、ながくとどまることがない。世の中の人と栖《すみか》もこれと変わりがない。

美しく立派な都にならぶ家々は、幾時代を経てもなくなることのないものではあるが、よく調べてみると、昔からある家はまれである。去年焼けて、今年つくったものもあれば、大きな家がこわれて、小さな家になったものもある。そこに住む人も同様である。いつ生まれ、いつ亡くなったのか、どこから来て、どこへ去ったのか、わからない。その主《あるじ》と栖とが、世の無常を競っているありさまは、朝顔の花と露との関係に異ならない。露は落ちて花が残るとしても、花は朝日にあたって枯れてしまう。

もの心ついてから四十年あまりになるが、思いもよらないような出来事に出会うことが度重なった。一一七七年四月、風が激しく吹き、午後八時頃、都の東南から火が出て、一夜のうちに、都の三分の一を焼き尽くし、死者数十人に及ぶという大火があった。

その三年後のやはり四月に、つむじ風がおこり、三、四町を吹きまくるあいだに、すべての家を倒し、桁や柱を四、五町も離れた場所まで吹き飛ばし、木の葉のように家財などが空に舞い、轟音でもの言う声も聞こえず、煙のように吹きたてられた塵でものも見えないという出来事があった。

その翌年から二年間にわたり、大飢饉におそわれたこともあった。道には飢え死にした人が数知れず横たわり、都には悪臭が満ち、その惨状は目を覆うばかりであった。また、大地震で、山が崩れて河を埋め、津波で水浸しになり、大地が裂けて水が湧き出し、その余震が三月もつづくということもあった。

このように、すべて世の中は暮らしにくく、我が身と栖がいかにはかなく、たよりにならないかを実感したのである。

閑居を好むのも、執着のあらわれ

五十の春を迎えて、出家した。妻子もなければ、捨てがたき縁者も、官位も俸禄もないので、何に対して執着することがあろうか。

新しい栖はそれまでのものにくらべると、百分の一にも及ばないささやかなもので、広さはわずか一丈四方、高さは七尺もない。きまった土地に建てるわけでもない。土台を組み、簡単な屋根をつけ、継ぎ目ごとに取り外しができるように掛け金をとりつけた。気に入らないことがあれば、ほかの場所へ移動するためである。分解して組み立てるのは簡単である。二両の車があれば運ぶことができる。車の費用のほかには費用は要らない。

今の場所に居を定めて五年になるが、仮の庵もふるさとのように感じられる。部屋は狭いが、夜臥す床があり、昼坐る場所がある。一身を宿すに何の不足もない。自分の体の苦しみは自分の心によくわかるので、苦しいときは体を休め、すこやかなときは体を使う。使うといっても、度を過ごすようなことはない。つねに歩き、つねに働くことが、健康を保つ秘訣である。衣食は自分ひとりの力でまかない、わずかなもので命をつなぎ、乏しいゆえに、粗末な食べものも美味に感じられ、人に会うこともないので、みすぼらしい姿を恥じることもない。魚は水に飽きるということがない。魚でなければ、その心はわからない。鳥は林を好む。その心は、鳥でなければわからない。世を離れてひとり住む閑居の味わいもこれと同じで、住んでみないことにはわからない。

月が西に傾いて、山の端に近くなった。同様に、私の一生も終わりに近づいている。いまさら何を嘆くのか。何ごとにもとらわれるな、というのが仏の教えである。この草庵を愛するのも、閑居を好むのも、執着のあらわれにほかならない。役にも立たない楽しみを述べ立てて、時を無駄に過ごしてはなるまい。

読みどころと名言

▽**「遠き家は煙《けぶり》にむせび、近き辺《あたり》はひたすら焔《ほのほ》を地に吹きつけたり。空には灰を吹き立てたれば、火の光に映じてあまねく紅《くれなゐ》なる中に、風に堪《た》へず吹き切られたる焔、飛ぶが如くして一二町を越えつゝ移りゆく」**——京の都の三分の一を焼き尽くした大火のみごとな描写である。長明二十二歳のときの出来事で、間近に目撃したにちがいない。と言うより、彼自身、被害者だったのかもしれない。これほど臨場感のある描写は、ひとつの記録としても大いに価値がある。一時的な遷都によって荒廃した都の様子や、大地震による被害状況、大飢饉の惨状なども同様である。無常観が具体的事実に裏付けられているところに、このエセーの説得力がある。

▽**「財《たから》あれば恐れ多く、貧しければ、うらみ切也《せちなり》。人を頼《たの》めば、身他《みた》の有《う》なり。人をはぐくめば、心恩愛につかはる。世にしたがへば、身苦し」**——財産があれば、それを失うまいとして心を煩わし、貧乏だとつらいことばかり、他人の世話になれば、自由がきかず、他人に心をかければ、温情に引かれ、世間に従えば、窮屈な思いをするばかり。どちらに転んでも、心が休まることがない。

▽**「事を知り世を知れれば、願はず、わしらず、たゞしづかなるを望《のぞみ》とし、うれへ無きを楽しみとす」**——自分の身のほどを知り、この世の無常を知れば、何ごとにも齷齪《あくせく》する

ことなく、ただ静かで平和な生活を望むばかりである。出家しなくとも、また、山中に隠棲しなくとも、人間はいつかこのような生活を望むようになるはずである。

▽**「夫《それ》、三界《さんがい》は只心一《ひと》つなり。心若《も》しやすからずは、象馬《ざうめ》、七珍《しつちん》もよしなく、宮殿《くうでん》、楼閣《ろうかく》も望みなし。今さびしきすまひ、一間《ひとま》の庵《いほり》、みづからこれを愛す」**――三界は、仏教に言う、欲界《よくかい》、色界《しきかい》、無色界《むしきかい》からなる、人間が生死流転するとされる迷いと苦しみの世界である。象馬、七珍は仏典で貴重な財産とされているもの。いかにみすぼらしい庵も、心ひとつで宮殿となる。

▽**「世をのがれて山林にまじはるは、心ををさめて道を行はむとなり。しかるを、汝《なんぢ》姿は聖人《ひじり》にて、心は濁《にご》りに染《し》めり」**――世の無常を嘆き、閑居を自画自賛してきた長明は、最後にいたって、自分の死期を意識し、はたしてこのような生き方でよかったのか、これが自分の本当に望む生き方だったのかと、自問する。外見は仏道にはげむ僧であるが、実は、心は濁っていることに気づき、答えることができない。そして、口先だけの念仏を二、三遍となえた、と最後に記す。

編者からひとこと　従来、『方丈記』は、その冒頭の有名な文章の強烈な印象もあって、無常観の書とされてきたが、最後まで読み進めば、自己省察の書であることがわかる。

［文献案内］簗瀬一雄訳注『方丈記』（角川ソフィア文庫）、市古貞次校注『方丈記』（岩波文庫）、安良岡康作全訳注『方丈記』（講談社学術文庫）。

2 人間を知るために

村の古老たちのライフヒストリー

「忘れられた日本人」

宮本常一

著者と作品紹介

民俗学者の宮本常一《みやもとつねいち》（一九〇七－八一）は、山口県の屋代島（大島郡周防大島町）の農家に生まれ、師範学校卒業後、小中学校の教員として勤務するかたわら、郷土や近畿地方の村の生活や風習などを調査し、雑誌に投稿。三十二歳のとき、実業家で民俗研究家の渋沢敬三の主宰する「アチック・ミューゼアム」（後の日本常民文化研究所）の研究員となり、全国各地を調査。ほぼ日本全域におよぶ、社会・文化・経済など多岐にわたる研究調査から、独自の民俗学を確立し、高い評価を得ている。『忘れられた日本人』（一九六〇）は、古老たちの聞き書きを中心に、彼らの生き方や人間像、村の歴史や習俗などを克明に描いた代表作である。全五十巻からなる『宮本常一著作集』が刊行中である。

要約

土佐《とさ》源氏

いろりには火がチロチロもえていた。そのそばに八十をこえた小さい老人があぐらをかいてすわっている。ここは土佐の山中、檮原《ゆすはら》村。橋の下の乞食小屋である。

「あんたもよっぽど酔狂者じゃ。乞食の話を聞きに来るとはのう。わしは八十年何もしておらん。人をだますことと、女《おなご》をかまうことですぎてしまうた。わしは父《てて》なし子で、母者《ははじゃ》が夜這いに来る男の種をみごもってできたのがわしじゃ。

十五になった年にばくろうの家へ奉公にいった。わしの仕事は、親方のいいつけで牛市や百姓家へ牛を追うていくことで、親方は口上手でウソばかりついて、この牛はええ牛じゃというて、わるい牛をおいて、その家のええ牛をとりあげていく。ウソをつくことをばくろう口というていたが、百姓というものは、半年もすると、そのわるい牛をちゃんとええ牛にしておる。ええ百姓は神様のようなもんで、石ころでも自分のちからで金にかえる。

二十の年に親方が死んで、わしは親方の得意さきをもろうて、一人まえのばくろうになった。わしにはこれという家もないので、親方のなじみの後家の家をあっちこっち渡りあるいて、可愛がってもろうてそれで日がくれた。わしの女房は親方のなじみのばくろう宿のおっかァの娘で、おっかァのねている間に娘をものにしてしもうた。それからわしは娘をつれてにげた。雪のふる山をこえて伊予からここの隣村まで来た。

これと思う女をみなかもうたが、この話はいままでだれにもしたことはないんじゃ。わしは庄屋のおかた(奥さん)に手をつけてのう。色が白うてのう、ぽっちゃりして、品のええ、観音様のような人じゃった。子供がのうて、それでさびしかったようじゃ。わしから買うた牛をおかたさまみずから世話しているのを見て、わしは種をつけることをすすめた。種つけがおわり、牡牛が牝牛の尻をなめているのを見て、おかたさまは『牛のほうが愛情が深いのかしら』といいなさった。わしは『人間もかわりありません。わしならいくらでもおかたさまの……』といった。おかたさまはわしの手をしっかりにぎりなさって、目へいっぱい涙をためてのう。わしは牛小屋の藁のなかでおかたさまと寝た。

わしはこういう人から、一人前に情をかけてもろうたのがうれしかった。おかたさまはそれからまもなくして、ポックリ死んでしもうた。わしは三日三晩男泣きに泣いたのう」

私の祖父、宮本市五郎は、弘化《こうか》三（一八四六）年、山口県大島に生まれ、昭和二（一九二七）年にそこで死んだ。実によく働き、いつも朝四時にはおきて、山で一仕事してから朝食をたべる。それから田畑の仕事に出かけ、昼までみっちり働いて、昼食後、暗くなるまで働く。仕事をおえると、神様、仏様を拝んでねた。そういう生活に不平も疑問も持たず、一日一日を無事にすごされることを感謝していた。

「どこにおっても、自分がわるいことをしておらねば、みんなたすけてくれるもんじゃ。日ぐれに一人で山道をもどって来ると、たいてい山の神さまがまもってついて来てくれるものじゃ」という、小さい時からきかされた祖父の言葉を私はそのまま信じて、どんな夜更けの山道をあるいても苦にならなかったものである。

祖父は歌が上手で、そのさびのある声は盆踊りで踊り子たちの踊りをピタッとそろわせる力をもっていた。八十をすぎた祖父は、夜更けに盆踊りから戻ると、部屋にはいるなりたおれ、三日後に死んだ。そののぞみどおり、苦しい思いもせず、また嫁にも迷惑をかけないで死んだのである。

祖父が死んでから盆踊りがみだれはじめた。祖父から昔話をたくさん聞いたが、その生涯がそのまま民話といっていいような人であった。

▽「この村に駒サという歌の上手な馬子《まご》がおりました。峠の上まで来ますと、よく通る声でうたい出す。はなれていてもわが家へよくきこえます。歌がきこえはじめると、女房は湯をわかしにかかります。それが湯をわかせという合図で……」――愛知県設楽《したら》町（旧名倉村）の七十歳をこえた古老たちの座談を記録した「名倉談義」の一節で、馬が人や荷物の運搬に活躍していた明治の頃の話である。この馬子は、何一つ取柄はないが、歌だけはみんなが聞きほれるほど上手で、その女房も歌にほれたのだという。

▽「あんたはほんにこの村一番の働き手でありました。あんたの家の田が重一さの家の下にある。あんたが、下の田ではたらいているときに、重一さの親が、今夜は戸をたててはいけんぞ、金平さが仕事をしておるで、というて、表のあかりが見えるようにしておいた」――これも「名倉談義」の一節である。金平さんは重一さんを夜の遅い家だと思いこんでいたが、実は、働き者の金平さんのために重一さんは田に明りを送っていたのであった。金平さんはこの座談ではじめて真相を知り、びっくりしている。村共同体には、こうした目に見えないたすけあいがあるものだと思ったと、著者は記している。

▽「タイがよう釣れたもんじゃ。それがまた大けな奴ばかりじゃけえのう。ありゃァ、かかったぞォ、と思うて引こうとするとあがって来やァせん。岩へでもひっかけたのか

と思うと糸をひいていく。それを、あしらいまわして機嫌をとって船ばたまで引きあげるなァ、容易なことじゃァごいせん。そねえなタイを一日に十枚も釣って見なされ。たいがいにゃァええ気持ちになる。世の中の人がなぜみな漁師にならぬのかと不思議でたまらんほどじゃった」——山口県に生まれ、幼くして両親を失い、長崎県対馬に移って漁師をしていた古老の聞き書きの一節。漁師の気概にあふれた言葉である。最後のひとことがいい。

▽**「日本の村々をあるいて見ると、意外なほどその若い時代に、奔放《ほんぽう》な旅をした経験をもった者が多い。村人たちはあれは世間師《せけんし》だといっている」**——故郷の山口県を振り出しに、鹿児島から名古屋、東京、大阪、さらには、台湾から朝鮮まで、仕事の話があるとどこへでも行った大工と、人に請われるまま全国を歩きまわった易者のふたりの世間師の話が紹介されている。テレビやラジオのない時代、世間師たちが村に新風を送りこんだ。

▽**「その頃まで芸人たちは船賃はただであった。そのかわり船の中で芸を見せなければならなかった」**——世間師の伝える明治の中頃の話で、「芸は身を助ける」の由来である。

(編者からひとこと) 著者は、その足跡を日本列島の白地図に赤インクで記していくと、列島が真っ赤になるというほどの、大旅行家であった。昭和三十年から四十一年のあいだに各地で撮影した約二万点の貴重な記録写真は、インターネットに公開されている。

[文献案内] 宮本常一『忘れられた日本人』(岩波文庫)。

老人は七十になったら山に葬られる

「楢山節考」

深沢七郎

著者と作品紹介

小説家の深沢七郎《ふかざわしちろう》（一九一四―八七）は、山梨県石和《いさわ》町（現在の笛吹市石和町）に生まれ、中学卒業後、上京し、職業を転々としたのち、ギタリストとして旅回りのバンドに加わり、処女作『楢山節考《ならやまぶしこう》』（一九五六）で中央公論新人賞を受賞し、文壇にデビュー。口《くち》減《べ》らしのために老人を山に棄てたという姥捨《うばすて》伝説に取材した小説で、作中の「楢山へいく」あるいは「楢山まいり」はこのことを意味する。その衝撃的な内容は大きな評判をよび、小説家の正宗白鳥は「人生永遠の書」とまで言った。日本に革命がおこり、天皇一家が処刑されるさまを描いた小説『風流夢譚』を契機に右翼の襲撃事件が起き、一時期、身を隠し、農業をはじめたり、今川焼屋を開業したりした。ほかに『笛吹川』『甲州子守唄』『みちのくの人形たち』などの作品がある。

要約

楢山祭りが三度来りゃよ　栗の種から花が咲く

山と山が連なっていて、どこまでも山ばかりである。この信州の山々の間にある村のはずれにおりんの家はあった。おりんは今年六十九だが、亭主は二十年も前に死んで、一人息子の辰平《たっぺい》の嫁は去年栗拾いに行った時、谷底に落ちて死に、後に残された四人の孫の面倒を見るより、辰平の後妻を探すことのほうが頭の痛いことだった。

「楢山祭りが三度来りゃよ……」と、裏山へ行く人が村の盆踊り歌を唄っているのをおりんはきいた。村では七十になれば楢山まいりに行くので年寄りにその年の近づくのを知らせる歌でもあった。来年は七十で楢山まいりに行く年なのだから、息子の嫁がきまらなかったらどうしようと焦っていたところ、山の向こうの村から嫁が来るという知らせが届いて、おりんは安心した。孫は総領のけさ吉が十六で男三人、末が女でまだ三つである。

おりんはずっと前から楢山まいりに行く気構えをしていた。行くときの振舞酒も準備しなければならないし、山へ行って坐る筵《むしろ》などは三年前から作っておいた。もう一つすませなければならないことがあった。おりんは年をとっても歯が達者であった。それは、食料の乏しいこの村では恥ずかしいことであった。おりんは石臼のかどにがーんと歯をぶっつけた。口から血がこぼれ、歯が二本欠けて出てきた。おりんは五十年前この村に嫁に来て、村一番の良い器量の女だと云われた。楢山まいりに行くときは辰平のしょう背板に乗って、歯も抜けたきれいな年寄りになって行きたかった。

辰平の新しい嫁の玉やんが来てしばらくして、けさ吉も嫁をもらい、辰平の家族は八人にふえた。子供達も大きくなっているので、いつもの冬を越すよりえらいことだと思った。

「おばあやん、来年は山へ行くかなあ」と辰平が云うと、おりんはすぐ云った。

「わしのおばあやんも、このうちの姑も山へ行ったのだぞ、わしだって行かなきゃァ」

お姨《んば》捨てるか裏山へ　裏じゃ蟹《かに》でも這《は》って来る

あと四日で正月になるという日、おりんは、明日楢山まいりに行くことにきめた。

「まだ早いらに、来年になってからでなきゃ！」と云う辰平に、

「バカー、ちっとばかし早くたって、早いほうがいいぞ」とおりんは云った。

その次の夜、おりんはにぶりがちの辰平を責めたてるように励まして楢山まいりの途に

ついた。家の者達が寝静まるのを窺って裏の縁側の戸をそっとはずし、辰平のしょっている背板に乗った。その夜は風はないが特別に寒い晩で、月のあかりもない真っ暗の道を辰平は盲人の歩みのように歩いて行った。

神の住んでいる楢山は七つの谷と三つの池を越えて行く遠い所にある山である。三つ目の山の裾をまわると池があった。空がかすかに白んできた。四つ目の山はかなり高い山で頂上に近づく程、嶮《けわ》しくなってきた。七谷を通り越すと、登っても、登っても楢の木ばかり続いていた。頂上らしい所まで来ると、大きい岩があって、そのかげに誰か人がいたのである。辰平はぎょっとして思わず後ずさりした。岩に寄り掛って身を丸くしているその人は死人だった。両手を握って、まるで合掌しているようである。辰平は立止まったまま動けなくなってしまった。おりんが背の方から手を出して前へ振った。前へ進めという手振りである。辰平は進んで行った。また岩があってそのかげには白骨があった。少し行くと、禿《は》げ山のような所があって、そこには白骨が雪のふったように、あたりが白くなるほど転がっていた。道をさらに登ると、死骸のない岩かげがあった。おりんは辰平の肩をたたいて、背板から降ろせと催促した。辰平は背板を降ろした。おりんは背板から降りて腰にあてていた筵を岩かげに敷き、筵の上にすっくと立った。おりんは辰平の手を堅く握りしめ、辰平の身体《からだ》を今来たほうに向かせ、その背中をどーんと押した。

辰平はおりんの乗っていない背板を天に突き出して大粒の涙をぼろぼろと落とした。

▽「白米は『白萩様《しらはぎ》』と呼ばれてこの寒村では作っても収穫が少なく、山地で平地がないので収穫の多い粟《あわ》、稗《ひえ》、玉蜀黍《とうもろこし》等が常食で白米は楢山祭りの時か、よくよくの重病人でもなければ食べられないものであった」――これが百年ほど前までの日本の多くの農村、とくにこの小説の舞台のような山地での実状であった。祭りは、貴重な白米を炊いて食べることができる稀有な機会だった。

▽「三十すぎてもおそくはねえぞ　一人ふえれば倍になる」――楢山節のひとつで、晩婚を奨励した歌とされる。倍になるということは、ひとり増えた分だけ食料が必要になるということである。だからおりんも辰平も、けさ吉の嫁のことなど夢にも考えていなかったが、すでにけさ吉の嫁は腹に子を宿し、人一倍の食欲を見せていた。極度に食料の不足していたこの村では、曾孫を見るということは嘲笑の的であり、それがおりんの「楢山まいり」を早めることにもなった。

▽「食料を盗むことは村では極悪人であった。最も重い制裁である『楢山さんに謝る』ということをされるのである。その家の食料を奪い取って、みんなで分け合ってしまう制裁である」――盗人《ぬすっと》はおりんの家の近くの亭主で、隣家から袋に入った豆を盗み出したところを見つかり袋叩きにされたのであった。分配品をもらう人は必ず跣《はだし》で行くこ

とになっていた。履物をはいて行けば、その人もまた袋叩きにされることになってい
た。盗人の家から食料がすべて探し出され、みんなに分配された。

▽**「お山へ行く作法は必ず守ってもらいやしょう。一つ、お山へ行ったら物を云わぬこと。一つ、家を出るときは誰にも見られないように出ること。一つ、お山から帰る時は必ずうしろをふり向かぬこと」**――「楢山まいり」の前夜、山へ行ったことのある人を招いて酒を振舞い、「お山へ行く作法」と道順を聞くことになっていた。作法伝授が終わって古参が辰平に、途中の七谷から帰ってきてもいいとささやく。谷底に投げ捨ててもいいという暗示である。辰平は山からの帰途、隣家の亭主が老婆をそうしている場面を目撃する。

▽**「お姨捨てるか裏山へ　裏じゃ蟹でも這って来る」**――楢山節のひとつで、昔は老人を裏山に捨てていたが、ある時、老婆が這って帰ってきてしまったことがあった。家の者たちは、蟹のように這って帰ってきたと、戸をぴたりと閉め、老婆は外で一晩中、泣いていた。そういうことのないように、七つの谷の向こうの山まで運ばれるようになった。

(編者からひとこと)　木下恵介監督および今村昌平監督によって映画化されている。おりん役の田中絹代および坂本スミ子は、歯を折る場面のために、実際に前歯を何本か抜いたという。今村昌平作品は、一九八三年のカンヌ国際映画祭でグランプリを受賞した。

［文献案内］深沢七郎『楢山節考』（新潮文庫）。

「いき」こそ日本人独特の感性を表わしている

『「いき」の構造』

九鬼周造

著者と作品紹介

哲学者の九鬼周造《くきしゅうぞう》（一八八八—一九四一）は、東京に生まれ、東京大学哲学科卒業後、約八年間の長期にわたってヨーロッパに留学し、ドイツではフッサールとハイデッガー、フランスではベルクソンという、二十世紀を代表する哲学者に学び、帰国後、京都大学教授として西洋近世哲学史を講じた。『「いき」の構造』（一九三〇）は、留学中に草稿がつくられ、帰国後、完成され、雑誌に発表された。著者は、「いき」（粋）がヨーロッパの言語には存在しない日本語独特の言葉であり、同時に、日本人特有の感性（あるいは「意識現象」）をあらわすものであることを示し、その意味内容や関連する概念、その表現方法を、文芸作品や風俗などを通して哲学的に解明する。日本人の特性を知るためのユニークな書である。

要約

媚《び》態《たい》と意《い》気《き》地《じ》と諦《あきら》めが「いき」を生む

「いき」という日本語は民族的色彩の著しい語であって、これを大和《やまと》民族に特有な存在様態の顕著な表明のひとつと考えて差支《さしつか》えない。「いき」を理解するためには、その意味内容を形成する徴表《ちょうひょう》（特徴、性質）を識別し、この意味を判明ならしめねばならない。

「いき」の第一の徴表は、異性に対する「媚態」である。「いきな話」といえば、異性との交渉に関する話を意味している。しからば媚態とは何であるか。媚態とは、一元的の自己が自己に対して異性を措定《そてい》し、自己と異性との間に可能的関係を構成する二元的態度である。「いき」のうちに見られる「なまめかしさ」「つやっぽさ」「色気」などは、すべてこの二元的可能性を基礎とする緊張にほかならない。

この二元的可能性は媚態の原本的存在規定であって、異性が完全なる合同を遂げて緊張性を失う場合には、媚態はおのずから消滅する。媚態は異性の征服を仮想目的とし、目的の実現とともに消滅の運命にある。媚態とは、その完全なる形においては、異性間の二元的、動的可能性が可能性のままに絶対化されたものでなければならない。このような媚態が「いき」の基調たる「色っぽさ」を規定している。

「いき」の第二の徴表は、「意気」すなわち「意気地」である。「いき」のうちには、江戸文化の道徳的理想が鮮やかに反映され、江戸児《えどっこ》の気概が含まれ、溌剌《はつらつ》とした武士道の理想が生きている。「武士は食わねど高楊枝《たかようじ》」の心が、やがて江戸者の「宵越《よいごし》の銭は持たぬ」誇りとなる。このような理想主義の生んだ「意気地」によって媚態が霊化されていることが「いき」の特色である。

「いき」の第三の徴表は「諦め」である。運命に対する知見に基づいて執着《しゅうじゃく》を離脱した無関心である。「いき」は垢抜《あかぬ》けしていなくてはならぬ。あっさり、すっきり、瀟洒《しょうしゃ》たる心持ちでなくてはならぬ。このような解脱は、かなわぬ恋の幻滅の悩みや、つれない浮世の経験から生まれる。「野暮は揉《も》まれて粋となる」とはこのことである。

運命によって「諦め」を得た「媚態」が「意気地」の自由に生きるのが「いき」である。

「いき」は上品と下品の中間にあり

「いき」の意味をさらに明晰《めいせき》にするには、これに関係を有する他の意味との区別および関連性を考察しなければならない。

「いき」に関係を有する主要な意味は、「上品」、「派手《はで》」、「渋味」などである。これらの意味はみな反対意味をもっている。

上品―下品とは、価値判断に基づいた対自性の区別、すなわち物自身の品質上の区別である。物や人、趣味などについて、その品柄の勝《すぐ》れたものが上品、品柄の劣ったものが下品である。上品とは高雅なこと、下品とは下卑たことを意味するが、いずれも「いき」そのものではない。「いき」は上品と下品との中間にある。

派手―地味とは、対他性の様態上の区別で、他に対する自己主張の強度または有無の差である。派手とは葉が外へ出る、「葉出」の義である。地味とは根が地を味わう、「地の味」の義である。前者は自己から出て他へ行く存在様態で、華美を好み、後者は自己の素質のうちへ沈む存在様態で、自己を飾ることがない。「いき」は両者の中間にある。

渋味―甘味は、対他性から見た区別で、渋味は消極的対他性を意味する。柿は肉のうちに蔵する渋味によって鳥に対して自己を保護する。人間も渋紙で物を包んで水の浸入に備えたり、渋面《じゅうめん》をして他人との交渉を避けたりする。甘味はその反対に積極的対他性を表わしている。甘える者と甘えられる者との間には、常に積極的な通路が開けている。異性とこの関係においては甘味が常態であり、甘味から「いき」を経て渋味へと到る路がある。この意味で甘味と「いき」と渋味は直線的関係に立ち、「いき」は両者の中間に位《くらい》している。

読みどころと名言

▽**「媚態とは、一元的の自己が自己に対して異性を措定《そてい》し、自己と異性との間に可能的関係を構成する二元的態度である」**――哲学用語によってものごとを記述する(これが「哲学的」といわれる)一例であり、著者の「いき」の哲学の出発点である。まず一本の直線を引き、これに平行にもう一本の直線を引いていただきたい。最初の直線が「一元的の自己」で、もう一本の直線が異性ということになる。平行線を引くことが「措定」に、二本の平行線が「二元的態度」に相当する。媚態の本質はけっして交わらない平行線の関係にある。ここから、もっとも「いき」な模様は、平行線が反復される縞模様とされる。

▽**「『いき』なものとして、襟足《えりあし》を見せる抜き衣紋が江戸時代に流行したが、これが『いき』の表現となる理由は、衣紋の平衡を軽く崩し、異性に対して肌への通路をほのかに暗示する点に存している」**――暗示によって想像力を刺激するのが「いき」の本領である。肩から胸部や背中を露出するのは野暮《やぼ》である。西洋の絵画には、湯に入っている女の裸体姿はあるが、湯上り姿はほとんどないことを著者は指摘している。湯上り姿は「いき」な姿の典型である。裸体は「いき」とは無縁である。

▽**「茶色ほど『いき』として好まれる色はほかにないであろう。茶色とは、赤から橙《だいだい》を経**

て黄に至る派手《はで》やかな色調が、黒味を帯びて飽和の度を減じ、光度の減少の結果生じた色である。茶色が『いき』であるのは、一方に色調の華《はな》やかな性質と、他方に飽和度の減少とが、諦《あきら》めを知る媚態、垢抜けした色気を表現しているからである」——「いき」な色彩として、灰色、茶色、青の三系統があげられているが、これらの共通点は、「色っぽい肯定のうちに黒ずんだ否定を匿《かく》している」ことであると著者は言う。

▽**「ニイチェのいう『高貴』とか『距離の熱情』なども一種の『意気地』にほかならない。これらは騎士気質から出たものとして、武士道から出た『意気地』と差別しがたい類似をもっている」**——ドイツの哲学者ニーチェは『善悪の彼岸』で、高貴とは、持続的な「人間の自己克服」にほかならない、と言っている。「武士は食わねど高楊枝」はこのような「自己克服」の一例でもある。「意気地」は武士道から、「諦め」は仏教から来ている。

▽**「『いき』の語源は、生、息、行、意気に関係があり、『生』が基礎的地平であるのはいうまでもない」**——「いき」の語源の大本《おおもと》は「生きる」ということで、「息」は「生きる」ための生理的条件であり、「意気」は相手へ「行く」こと、相手との関係を語っていると著者は言う。「いき」は人間の生命や生き方、人間関係の根本にかかわることのようだ。

編者からひとこと 「いき」の反対語の野暮や無粋《ぶすい》がはやり、「いき」が死語になりつつあることへの反発か、本書の再評価の機運が高まっているという。結構なことである。

［文献案内］九鬼周造『「いき」の構造』（岩波文庫）。

金銭の鬼となった人間の悲劇

「金色夜叉」

尾崎紅葉

著者と作品紹介

小説家の尾崎紅葉《おざきこうよう》（一八六七―一九〇三）は、江戸に生まれ、東大予備門在学中に学友らと文学結社「硯友社《けんゆうしゃ》」をおこし、同人誌を発行する。読売新聞社に入社し、新聞に連載した小説が人気を呼び、二十代半ばにして文壇の大家となる。『金色夜叉《こんじきやしゃ》』（一九〇二。未完）は、明治・大正のベストセラー小説で、芝居にもなり、流行歌も生んだ。鴫沢《しぎさわ》家の美貌の令嬢、宮《みや》は、父親の恩人の息子で、十年来、家に引き取り面倒を見ていた間貫一《はざまかんいち》とその年の夏に結婚することになっていた。しかし、新年のカルタ会で資産家の富山唯継《ただつぐ》に見初められた宮は、父親から富山との結婚をうながされ、心がうごく。貫一は、金のために自分を捨てたと、宮を激しく責め、その復讐のために「金色夜叉」（金銭の鬼）と化す……。

要約

一月の十七日、僕の涙で必ず月は曇らして見せるから

「僕はただ胸が一杯で、何も言うことができない」

「堪忍して下さい、みんな私が……どうぞ堪忍して下さい」

月は朧《おぼろ》に一湾の真砂《まさご》を照らし、熱海の浜辺に立ち尽くす貫一と宮。

「ああ、宮さん、こうして二人が一処にいるのも今夜かぎりだ。一月の十七日、宮さん、よく覚えてお置き。来年の今月今夜、貫一はどこでこの月を見ることだろう。再来年の今月今夜……十年後の今月今夜……一生を通して僕は今月今夜を忘れない。宮さん、来年の今月今夜、僕の涙で必ず月は曇らして見せるから。月が曇ったら、貫一はどこかでお前を恨んで今夜のように泣いていると思ってくれ」

「私は貴方のことは忘れはしないわ――私は生涯忘れはしないわ」

「聞きたくない！　忘れんくらいなら、なぜ見棄てた。金に見換えられて棄てられた僕の身になって見るがいい。無念というか、口惜しいというか、僕はお前を刺し殺して、いっそ死んでしまいたいのだ。貫一を不憫《ふびん》と思って、頼む、もう一度考え直してくれないか」

「ああ、私はどうしたらよかろう！　もし私が彼方《あっち》へ嫁《い》ったら、貫一さんはどうするの」

「それじゃいよいよお前は嫁く気だね！　僕がこれほど言っても聴いてくれんのだね。腸《はらわた》の腐った女！　姦婦‼」

その声とともに貫一は足をあげて宮の弱腰をはたと蹴った。宮は地響きして横様《よこさま》に転《まろ》び、声もたてずに苦痛を忍び、そのまま砂の上に泣き伏した。

「宮、貴様の心変わりのために、間貫一の男一匹はな、失望のあまり発狂し、大事の一生を誤ってしまうのだ。学問も何もかももう廃《やめ》だ。この恨みのために貫一は生きながら悪魔になって、貴様のような畜生の肉を啖《くら》ってやる覚悟だ」

人間を罷《や》めてしまって、この商売をはじめました

鳴沢家を出奔した貫一は、高利貸の手代となり、色を近づけず、酒に親しまず、浪費せず、遊惰《ゆうだ》せず、勤むべきは勤め、世に難有《ありがた》き若者と、主人に信頼されていた。

高利貸を恥じない貫一の様子に呆れる旧友たちに、貫一は言った。

「私は学校を罷めるとともに人間も罷めてしまって、この商売をはじめましたので」

間貫一の名は同業者の間に聞こえるようになり、その厳談酷促《げんだんこくそく》はここかしこに債務者の怨みを買い、彼のために泣き、彼のために憤るもの少なからず、同業者すらそのあまりに用捨なきを咎めるほどだった。貫一は、債務者の怨みを買って焼き殺された主人の財産を受け継ぎ、ますます盛んに暴利を貪った。

貫一に別れてはじめて自分がいかに彼に恋していたかを知った宮は、彼方《かなた》の恋いしきを思い、こなたの富めるを愛《お》しみ、空しき迷いに弄《もてあそ》ばれつつ、唯継の妻となった。彼女にとって、裕《ゆたか》なる生活も土のごとく顧るに足らず、貫一への懺悔の心が増すばかり。貫一に会って、謝ろうとするが取り合ってくれず、手紙を書いても、貫一は読まずに灰にした。それでも宮は書き続けた。ある日、貫一は一通の手紙を開いた。

「……何卒《なにとぞ》これは前非を悔いて自害した哀れな女の遺言とも思し召して、せめて一通り御判読くだされば、何より嬉しゅう存じ上げます。そもそも始より心には何とも思わぬ唯継であれば、夫婦の愛情と申すものは、十年の間に唯の一度も起り申さず。かえって憎き仇のような思いもいたし、三、四年前よりは別居も同じで、私事一旦の身の潰《けがれ》もようやく今は浄《きよ》くなりました。何故《なにゆえ》富山に縁付いたのか、覚めて悔しき夢のごとく、我身ながら不可解。今はいっそ御前様の手籠《てごめ》にいずれの山奥へもお連れ下さればいかに幸いであろうかなどと考えております。嬉しくも御赦しを得て、唯二人熱海に遊び、昔の浜辺に昔の月を眺め、昔の哀しき御物語ができれば、いかに楽しきことかと……」

▽「重たげに戴ける夜会結に淡紫《うすむらさき》のリボン飾《かざり》して、小豆鼠《あずきねずみ》の縮緬《ちりめん》の羽織を着たるが、人の打騒ぐを興あるように涼しき目を瞠《みは》りて、躬《みずから》は淑《しとや》かに引繕《ひきつくろ》える娘あり。粧飾《つくり》より相《かお》貌《だち》まで水際立ちて、凡《ただ》ならず媚《こび》を含めるは、色を売るものの仮の姿したるにはあらずやと、始めて彼《かれ》を見るものは皆疑えり」——正月のカルタ会での宮の美貌の描写である。「彼」は一般に男女を問わず人間をさす代名詞で、ここでは宮をさす。「彼女」という言い方が広まるのは大正以後である。

▽「無名指《むめいし》に輝ける物の凡《ただ》ならず強き光は燈火《ともしび》に照添《てりそ》いて、殆《ほとん》ど正《ただし》く見る能《あた》わざるまでに眼《まなこ》を射られたるに呆《あき》れ惑えり。天上の最も明《あきらか》なる星は我手《わがて》に在りと言わまほしげに、紳士は彼らのいまだかつて見ざりし大《おおき》さの金剛石《ダイヤモンド》を飾れる黄金《きん》の指環を穿《は》めたるなり」——富山唯継の富のシンボルは、光り輝く大きなダイヤモンドである（無名指は薬指のこと）。二カラットで、当時の値段で三百円。カルタ会に集まった女性たちが目を奪われたのは、富山本人ではなく、その高価な宝石である。ここから、「ダイヤモンドに目がくらみ……」という流行歌がつくられた。

▽「今では名誉も色恋も無く、金銭より外には何の望《のぞみ》も持たんのです。又考へてみると、慾《なまじ》ひ人などを信じるよりは金銭を信じた方が間違が無い。人間より金銭の方が夐《はる》か頼《たのみ》

になりますよ。頼にならんのは人の心です」——高利貸しとなった間貫一の金銭哲学であり、これぞ資本主義の精神にほかならない。言うまでもなく、この精神は現在も健在である。マックス・ヴェーバーは、資本主義の精神は禁欲主義によって推進されたと言っている。『金色夜叉』は、このような精神を一貫しようとする物語である。

▽**「世間には随分賢からぬ者の好き地位を得て、時めかし居り候も少からぬを見るにつけ、何故《なにゆえ》御前様《おんまえさま》には然《さ》やうの善からぬ業《わざ》を択《えり》に択りて、折角の人に優《すぐ》れし御身を塵芥《ちりあくた》の中に御《おん》捨て被遊候《あそばされそうろう》や、残念に残念に存上《ぞんじあげ》まゐらせ候」**——宮から貫一への手紙の一節。

この小説では、高利貸は極悪非道な仕事とされ、「汚《けが》れた家業」とか「銭勘定の出来る毛族《けだもの》」と呼ばれている。これが当時の一般の見方だったのであろう。貫一が手代となった高利貸にひそかに資金を提供して暴利を得ていたのは、実は、さる名の知られた子爵だった。

（編者からひとこと）この未完の小説の最後に、貫一が「我は悔いて人と成るべきか、死してその愚を完《まっと》うすべきか」と苦悩する場面、そして、金のために心中しようとする男女を助ける場面がある。どのような結末が用意されていたのか、あれこれ想像してみるのも楽しい。やはりもう一度、お宮と貫一に熱海の浜辺を散歩させてみたい気がする。

[文献案内]　尾崎紅葉『金色夜叉』（岩波文庫）、山田有策『ビギナーズ・クラシックス　近代文学編　尾崎紅葉の「金色夜叉」』（角川ソフィア文庫）。

日本人の魂をつくる武士道の教え

「武士道」

新渡戸稲造

著者と作品紹介

教育者の新渡戸《にとべ》稲造《いなぞう》（一八六二―一九三三）は、盛岡に生まれ、札幌農学校に学び、内村鑑三らとともにキリスト教に入信し、英文学などを専攻した東大を中退後、アメリカ、ドイツに留学する。帰国後、札幌農学校および京大、東大の教授を歴任し、東京女子大学の設立に尽力し、初代の総長に就任。一般教養教育と人格教育を実践する。国際理解と国際平和を唱え、国際連盟事務局次長として活躍。『武士道』（Bushido, the Soul of Japan. 一八九九）は、欧米人が日本人の特質を理解できるように英文で書かれた著作であるが、日本人が自らを知るためにも示唆するところが多い。武士道を通して、日本人の道徳的基盤とすぐれた品性を歴史のなかでたどりながら、理想とすべき日本人像が描かれている。

要約

戦闘におけるフェア・プレイに道徳の萌芽がある

武士道はその表徴たる桜と同様、日本の土地に固有の花である。それは今なお我々の間における力と美との生きた対象である。それを生みかつ育てた社会状態は消えうせて久しいが、封建制度の子たる武士道の光は、その母たる制度の死にし後にも生き残って、今なお我々の道徳の道を照らしている。

武士道は、武士が守るべきことを要求され、もしくは教えられた、道徳的原理の掟《おきて》である。戦闘におけるフェア・プレイという、野蛮と小児らしさのこの原始的なる感覚のうちに、はなはだ豊かなる道徳の萌芽がある。これこそあらゆる文武の徳の基本である。

武士の掟のなかでもっとも厳格なる教えは義である。武士にとって卑劣なる行為、曲りたる振舞ほど忌むべきものはない。ややもすれば詐術《さじゅつ》や虚偽が戦略として通用した時代にあって、真率《しんそつ》正直なる男らしき徳は、最大の光輝をもって輝いた宝石であり、人びとの最大の賞讃の的であった。

勇気は、義のために行われるのでなければ、徳に値しない。勇とは義しきことをなすことである。いたずらに危険を冒すことは勇ではない。武士道では、死に値せざることのために死するは「犬死」と賤《いや》しめられた。水戸の義公（徳川光圀《みつくに》）は「生くべき時は生き、死すべき時にのみ死するを真の勇とはいうなり」と言っている。

伊達政宗は「義に過ぐれば固くなる、仁に過ぐれば弱くなる」と言ったが、武士は武力を誇りとする一方で、仁（惻隠の心）を大切にした。礼も武士道の重要な掟である。もっとも著名な礼法の流派である小笠原流宗家は、「礼道の要は心を練るにあり。礼をもって端坐すれば兇人《きょうじん》剣を取りて向うとも害を加うること能《あた》わず」と述べている。

孔子は「誠は物の終始なり、誠ならざれば物なし」と言った。誠実なくしては、礼儀は茶番であり芝居である。このほか、名誉、忠義などがこれらの徳目に加わる。

武士の教育の主目的は品性の確立にあり

武士の教育において守るべき第一の点は、品性の確立にある。品性を高めるのは、知識ではなく、叡智としての智である。武士道の骨格を支える鼎足《ていそく》は智仁勇とされた。

武士道は非経済的である。それは貧困を誇る。武士の徳たる名誉は、利益を得て汚名を被《き》るよりむしろ損失を選ぶ。黄金や領土よりも、彼の錆たる槍、骨と皮ばかりの馬により多くの誇りを抱いたドン・キホーテに、武士は衷心の同情を払う。武士は金銭そのものを、それを儲け、蓄える術を賤しんだ。それは彼にとって真に汚れたる利益であった。諺に曰く「就中《なかんずく》金銀の欲を思うべからず、富めるは智に害あり」と。この故に児童はまったく経済を無視するように教育され、各種貨幣の価値を知らざるは善き教育の記号《しるし》であった。

武士が感情を面《おもて》に現わすことは男らしくないと考えられた。「喜怒色《きどいろ》に現わさず」とは、偉大なる人物を評する場合に用いられる句であった。挙止沈着、精神平静であれば、いかなる種類の感情にも乱されることがない。このような克己の修練のめざすところは、心を平安に保つことにあった。

このようにして、武士は全民俗の善き理想となり、人びとに道徳的標準を供給した。「花は桜木、人は武士」と里謡《りよう》に歌われる。明治の日本の建設者たちの伝記や回顧談を繙《ひもと》けば、彼らの思索と行動は、武士道の刺激のもとに行われたことを知るであろう。また、日本人が礼儀を重んずるのは、武士道の遺産にほかならない。いまや武士道の日は暮れつつある。しかし、いまだこれに代わるべきものは見出されていない。功利主義および唯物主義の損得哲学は、半分の魂しかない屁理屈屋の好むところとなった。

武士道は倫理の掟としては消えるかもしれない。しかし、その力は地上より滅びないであろう。その光明と栄光はながく生きるであろう。

読みどころと名言

▽**「この小著の直接の端緒は、私の妻が、かくかくの思想もしくは風習が日本にあまねく行われているのはいかなる理由であるかと、しばしば質問したことによる」**――著者は留学中に知り合ったアメリカの女性と結婚した。もうひとつの執筆動機は、ベルギーの法学者から受けた、宗教教育のない日本でどのようにして道徳教育が行われているのかという質問である。「私が少年時代に学んだ道徳の教えは武士道から吹きこまれた」と序文に記されている。著者は、盛岡藩士の子として幼少年時代を過ごした。

▽**「運命に任すという平静なる感覚、不可避に対する静かなる服従、危険災禍に直面してのストイック的なる沈着、生を賤《いや》しみ死を親しむ心、仏教は武士道に対してこれらを寄与した」**――武士道の淵源として、仏教のほかに、主君への忠誠、祖先崇拝などの徳目を供給した神道、道徳的教義一般を提供した孔子および孟子の教えがあげられている。これらの淵源は、日本人そのものをつくりあげている源《みなもと》でもある。

▽**「『誠』という漢字は『言』と『成』との結合である。〈武士の一言《いちごん》〉と言えば、その言葉の真実性に対する十分なる保障であった」**――言うことと行うことの一致が誠である。「武士の一言金鉄《きんてつ》の如し」あるいは「武士に二言《にごん》は無い」といった言葉もある。前に言ったことと違うことを言うのが「二言」である。二枚舌とも言う。ドイツ語には、「武

士の一言」に相当するものとして、Ritterwort（騎士の言葉）がある。

▽**「廉恥《れんち》心《しん》は少年の教育において養成せらるべき最初の徳の一つであった」**――武士に欠かせないのは名誉の感覚であり、名誉と恥の感覚は表裏一体である。恥の感覚の喪失を「破《は》廉恥《れんち》」と言う。名誉や恥は人間の尊厳と大いに関係があり、「破廉恥」は人間の尊厳の喪失でもある。聖書のアダムとイヴの話にもあるように、羞恥《しゅうち》の感覚は人類の道徳自覚の端緒でもあった。

▽**「切腹は単なる自殺の方法ではなく、法律上ならびに礼法上の制度であった。中世の発明として、それは武士が罪を償《つぐな》い、過ちを謝し、恥を免《まぬか》れ、友を贖《あがな》い、もしくは自己の誠実を証明する方法であった」**――harakiri は欧米で通用する日本語からの外来語である。ハラを切るのは、腹部に霊魂が宿るという信仰によるという。武士にとって切腹は最後の手段であって、安易な死の選択はむしろ卑怯と考えられていた。忍耐と正しき良心とをもってすべての艱難辛苦《かんなんしんく》に耐えよ、というのが武士道の教えであったと著者は言っている。

編者からひとこと　茶道や柔道など「道」がつくと、実践や実技より精神や理念が重視されるようになる。武士道が流行しはじめたのは、武士が戦場で戦う必要の無くなった江戸時代の元禄年間、主君の敵《かたき》討ちを果たした赤穂浪士が「義士」と賞賛された頃である。

［文献案内］新渡戸稲造『武士道』（矢内原忠雄訳・岩波文庫）。

必要なのは独立心と臨機応変と合理性

「福翁自伝」

福沢諭吉

著者と作品紹介

思想家・教育者の福沢諭吉《ふくざわゆきち》（一八三四—一九〇一）は、中津藩（現在の大分県）の下級武士の子として生まれ、はじめ漢学を、次に蘭学を学ぶが、開国間もない横浜でオランダ語が役に立たないことに衝撃を受けて英学に転じ、二十五歳のとき、咸臨丸《かんりん》により渡米。その後、幕府の外交使節に随行してヨーロッパ諸国をまわり、見聞した西洋の文化・制度を紹介した『西洋事情』、新しい時代の人間と社会のあり方を論じた『学問のすゝめ』などを執筆。慶應義塾の創立者として教育活動に尽力する。『福翁《ふくおう》自伝』(一八九九)には、幕末から明治という激動の時代を臨機応変、自由自在に生きた、快活な人間の姿が実に生き生きと語られている。日本人の書いた自伝の最大傑作と言ってよい。

要約

それから以来は、一切万事英語と覚悟をきめた

私が江戸に来た翌年、すなわち安政六(一八五九)年、露仏英蘭米五か国との条約が発布になって、開港したばかりの横浜に見物に行った。その時の横浜は、外国人がチラホラ来ているだけで、掘立小屋のような家に外国人が住んで、店を出している。そこへ行ってみたところが、一寸《ちょい》とも言葉が通じない。こっちの言うことも分らなければ、あっちの言うことも分らない。店の看板も読めなければ、ビンの貼紙も分らぬ。何を見ても、私の知っている文字というものがない。

横浜から帰って、私は実に落胆してしまった。今まで数年間、死物狂《しにものぐる》いでオランダの書を読むことを勉強したが、看板ひとつ読むことができない。あそこに書いてある文字は、英語か仏語に相違ない。世界に英語の普通に行われていることはかねて知っている。何でもあれは英語に違いない。洋学者として英語を知らなければとても何にも通ずることがで

きない。一度《ひとたび》は落胆したが、同時に新たに志を発して、それから以来は一切万事英語と覚悟をきめた。ところが、江戸中どこを探しても英語を教えている所がない。ようやく英蘭対訳発音付の辞書を手に入れ、この字引と首っ引きで毎日毎夜独り勉強した。

その頃、徳川政府の使節が、オランダから買い入れた軍艦でアメリカへ行くという、日本開闢《かいびゃく》以来の大事業がすすめられていた。船の名は咸臨丸、艦長は時の軍艦奉行、木村《きむら》摂津守《せっつのかみ》。私はどうしてもその船に乗ってアメリカに行ってみたいと思い、ある有名な蘭学医から紹介状をもらって、摂津守をたずね、その願意を述べたところ、「宜《よろ》しい、連れて行ってやろう」ということになった。当時、外国航海などと言えば、むしろ恐ろしい命がけのことで、それを自分からすすんで行きたいというのであるから、私のことを妙な奴だと思ったことであろう。総勢九十六人、三十七日かかって、無事サンフランシスコに着いた。

学校をこしらえて、文明開化の何たるかを教えたい

私は、功名心なし、立身出世欲なしで、政治には関係しないことを身上としていた。立身出世の野心がないので、人に依頼する必要もない。明治の新政府から、御用があるから出て来いと沙汰があったが、私は一も二もなく、病気で出られませんと断った。その後もたびたび政府から御用召《ごようめし》があったが、始終断るばかり。どうもこの世の中は文明開化にな

るにきまっているから、学校をこしらえるべしというのが私の考えだった。

江戸の中津藩の屋敷内に開いた蘭学塾を、慶應四年、明治と改元された年に、塾の名を年号からとって慶應義塾と名づけた。それ以前、日本の私塾では、盆暮《ぼんくれ》に生徒銘々の分に応じて金子《きんす》なり品物なりを先生に進上する習わしでしたが、教授も人間の仕事だ、人間が人間の仕事をして金を取るに何の不都合があろうかと、授業料という名をつくって、生徒から毎月金を取るということは、慶應義塾が創《はじ》めた新案である。

義塾で教えるのは英学のみと定め、漢書を読まず英書ばかり勉強するから、英書は何でも読めるが、日本の手紙が読めないという少年ができてくるほどだった。この日本に洋楽を盛《さかん》にして、西洋流の文明富強国にしたい、そのために慶應義塾を西洋文明の案内者にしたいという願いから、西洋流の一手販売をやっていたものだから、古風な頑固な日本人に嫌われたのも無理はない。私の教育主義は自然の原則に重きを置き、人間万事有形の経営は数と理から割り出し、道徳論は、一身を高尚至極にし、独立心を養うところに土台を据え、一心不乱に唯この主義にのみ心を用いた。

私の生涯の中《うち》に出来《でか》してみたいと思うところは、全国男女の気品を次第々々に高尚に導いて、真実文明の名に恥ずかしくないようにすることと、仏法《ぶっぽう》にても耶蘇《ヤソ》教にても孰《いず》れにても宜しい、これを引き立てて多数の民心を和《やわ》らげるようにすることと、大いに金を投じて有形無形、高尚なる学理を研究させるようにすることと、およそこの三か条です。

読みどころと名言

▽「年寄などの話にする神罰冥罰《しんばつみょうばつ》なんということは大嘘《だいうそ》だと独り自ら信じ切っていた」――殿様や神様の名の書いてある紙を踏んでも何ともないという体験がきっかけだった。それで度胸をつけた福沢少年は、稲荷様の神体の石を捨て、かわりに道端の石ころを入れ、それを皆がありがたそうに拝んでいるのを見て、嬉しがっていた。幼少の頃から、ものの考え方がドライで合理的だった。

▽「門閥制度は親の敵《かたき》で御座《ござ》る」――能力に関係なく、足軽の家に生まれた者は足軽になり、家老の家に生まれた者は家老になるというのが門閥制度である。諭吉の父は藩の会計を担当する下級武士で優れた漢学者でもあったが「封建制度に束縛せられて何ごとも出来ず、空しく不平を呑んで」世を去った。門閥制度は子供の世界も支配していて、遊びや言葉遣いにも貴賤上下の区別があり、子供心に腹が立ってたまらなかったという。

▽「咸臨丸での航海中は毎日の嵐で、始終船中に波を打ち上げる。しかし、私は怖いと思うたことは一度もない。船が沈もうということは一寸《ちょい》とも思わない。というのは、私が西洋を信ずるの念が骨に徹していたものとみえて、一寸とも怖いと思ったことがない」――これほど西洋を信じることができるというのもすばらしいことである。帰国後、

ヨーロッパ諸国歴訪使節団に加わり、さらに西洋崇拝をたかめ、生命保険や複式簿記法などの西洋の制度・技術を日本に紹介した。彼自身、西洋紹介の窓口だった。

▽**「十六、七歳のとき、漢学の塾生の中に、按摩《あんま》をして凌いでいる者がいた。私は如何《どう》でもして国を飛び出そうと思っているから、コリャ面白い、一文《いちもん》なしに国を出て、按摩をしても食うことは出来ると、按摩の法を習い、頻《しき》りに稽古して随分上達しました」**――幸い、按摩で糊口をしのぐことはなかったが、最悪に備えれば何も怖いものはないというのが彼の生き方の原則であり、その独立自尊の精神の支えである。「独立」とは何かと問われ、「人からものをもらわないこと、他人の厄介にならないこと」と答えている。

▽**「私の流儀は仕事をするにも朋友に交わるにも、最初から捨て身になって取って掛り、たとい失敗しても苦しからずと、浮世のことを軽く視《み》ると同時に一身の独立を重んじ、人間万事、停滞せぬようにと心の養生《ようじょう》をして参れば、世を渡るにさまでの困難もなく、安気《あんき》に今日まで消光《くら》して来ました」**――ものにこだわらない臨機応変が福沢諭吉の身上である。彼ほど高湿度の日本の風土から解放されたドライな日本人もめずらしい。

編者からひとこと　『学問のすゝめ』に、政府の役人だからといって威張るな、百姓も商人も大臣も、職分が異なるだけでみな平等なのだと記されている。いまだにこの言葉は実現されていない。「私に在りては智なり、官に在りては愚なり」とも言っている。

[文献案内] 福沢諭吉『新版 福翁自伝』(角川ソフィア文庫)、『新訂 福翁自伝』(岩波文庫)。

執念ほどすさまじいものはない

「雨月物語」

上田秋成

著者と作品紹介

江戸中期の小説家で国学者の上田《うえだ》秋成《あきなり》（一七三四―一八〇九）は、遊女を母として（実父は不明）大阪に生まれ、四歳のとき、紙油商の養子となり、家業を継ぐが、俳諧や国学、小説などに熱中。代表作『雨月《うげつ》物語』（一七六八）は、中国の怪奇的小説や日本の説話集などを典拠とした、幻想的な怪異小説集で、「白峯《しらみね》」「菊花の約《ちぎり》」「浅茅《あさじ》が宿」「夢応《むおう》の鯉魚《りぎょ》」「仏法僧」「吉備津《きびつ》の釜」「蛇性《じゃせい》の婬《いん》」「青頭巾」「貧福論」の九編からなる。作品に共通するのは、強烈な執念や怨念である。執念や怨念は亡霊としてあらわれ、呪いの言葉を発し、満たされぬ思いを語り、憎しみや嫉妬の復讐をとげる。ほかに、歴史・怪異小説集『春雨物語《はるさめ》』、本居宣長《もとおりのりなが》など同時代の国学者たちを批判した随筆集『胆大小心録《たんだいしょうしんろく》』などの作品がある。

要約

魂は一日に千里をも行く

播磨の国に丈部左門《はせべさもん》という、清貧に甘んじ、書を友とする儒者がいた。左門は、旅の途中で病に罹って苦しむ赤穴宗右衛門《あかなそうえもん》を手厚く看病し、それがきっかけでふたりは義兄弟の誓いをした。赤穴は出雲の城主に仕える義に厚い武士で、主君の命で近江に使いに行って帰る途中であった。謀反で主君が殺されたことを知った赤穴はいったん出雲にくだり、また戻ってくると左門に約束した。

「いつお帰りになりますか」と問う左門に、「月日のたつのは早い。遅くともこの秋には」と赤穴。「秋はいつの日になりますか」「九月九日、菊の節句には」「それでは一枝の菊花に酒をそなえてお待ちしましょう」と、たがいに情をつくし、赤穴は西に帰った。

茱萸《ぐみ》の実が赤く色づき、垣根の野菊も色美しく咲いて、九月になった。約束の九日には、左門はいつもより早く起きて、部屋を掃除し、菊の花を飾り、酒飯の用意をした。それを見て、老母が「出雲の国はここから百里も隔てると聞く。今日くるとも定めがたい。来てから用意しても遅くはなかろう」と言うと、左門は「赤穴は誠ある武士なれば、かならず約束を守るはず」と答え、夕暮れまで待ちつくした。

山の彼方に月も入りかけたころ、おぼろげなる黒い影のなかに人の姿があらわれ、風とともにこちらへやって来る。赤穴宗右衛門であった。左門は嬉しさに小躍りする思いで出迎えたが、赤穴は溜息をつきながら「私はもはやこの世の人ではなく、けがらわしい死霊が姿をあらわしたものです。出雲で幽閉され、約束を守ることができないことを知り、人一日に千里を行くことはできないが、魂は一日に千里をも行く、という古人の言葉を思い出し、みずから刃に伏して自害し、今夜、風に乗ってはるばる菊花の約を果しに参りました」と言うと、その姿はたちまち消えて見えなくなった。

（「菊花の約」）

夫の帰りを待つ妻の亡霊

下総《しもうさ》の国葛飾に勝四郎という男がいた。祖父の代からここに住み、田畑をたくさん持っていたが、百姓仕事を嫌い、家は貧しくなっていった。足利染めの絹を扱う京の商人と親しくなった勝四郎は、残る田畑をすべて売った金で絹地を買い、京へ行く準備をした。

人目を引くような器量よしで、気性もしっかりした妻の宮木《みやぎ》は、言葉のかぎりを尽くして諫《いさ》めたが、勝四郎は聞かなかった。出発の前夜、ふたりは別れを惜しんで語り合い、「はやく帰ってきてください」という妻の言葉に、勝四郎は「この秋にはかならず帰る。心強く待っていなさい」と言って、夜が明けると京をめざして急ぎ旅立って行った。

この年、関東は戦乱の巷となり、宮木もいずこかへ逃れようと思ったものの、秋を待てという夫の言葉を信じて、不安の日日を過ごしていた。一方、勝四郎は絹をすべて売りさばき、儲けを懐にして帰る途中、木曾山中で山賊に襲われて身ぐるみ奪われてしまった。戦乱の関東は、旅人の通行もままならぬと聞き、勝四郎は京に引き返し、知人友人もできて七年という月日が夢のごとく過ぎた。

京も騒がしくなったので、勝四郎は五月雨《さみだれ》の頃、京を発ち、故郷に帰った。人家も田畑も荒れはてていたが、ようやく探しあてたわが家は昔と変わらず、「いま帰ってきた」という声に、戸を開ける妻の顔は黒く汚れ、眼はくぼみ、別人のようであった。勝四郎は旅の顚末を語り、妻は戦乱の様子を語って泣き伏し、「夏の夜は短いから」とともに休んだ。

明け方、風の音に目を覚ますと、まくれあがった屋根の向こうに有明の月が見えた。壁には八重葎《やえむぐら》が茂り、家は野辺のように荒れ果て、ともに臥《ふ》した妻の姿はどこにもない。

その里にただ一人残った古老から、戦乱のためにほかの人はすべてここを去ったが、宮木だけは家にとどまり、言い寄る男たちを退け、ひたすら夫の帰りを待ち、五年前に亡くなったことを、勝四郎は知った。

（「浅茅が宿」）

▽「近来《ちかころ》の世の乱《みだれ》は朕《わが》なす事《わざ》なり。生《いき》てありし日より魔道《まだう》にこゝろざしをかたふけて、平《へい》治《ぢ》の乱を発《おこ》さしめ、死《しつ》て猶朝家《なほちようか》に祟《たたり》をなす。見よ〱やがて天《あめ》が下《した》に大乱《らん》を生《しやう》ぜしめん」（「白峯」）――保元の乱で四国の白峯に流された崇徳《すとく》上皇の亡霊が、墓参りに来た歌人の西行法師に切々と怨念を語る、その一節である。崇徳院（崇徳上皇の諡《おくりな》）の予言どおり、大乱がおこり、平家は滅亡した。菅原道真の例もあるように、人間の怨念が社会や歴史を動かすという観念は日本人好みのようだ。

▽「ゆめの裏《うち》に江に入りて、大小《さばかり》の魚とともに遊ぶ。覚《さむ》れば即《やがて》見つるまゝを画《えが》きて壁に貼《お》し、みづから呼びて夢応《むおう》の鯉魚《りぎよ》と名付けり」（「夢応の鯉魚」）――三井寺の興義《こうぎ》という僧の不思議な体験談である。いつも夢の中でさまざまな魚とたわむれていた興義は、病気にかかって三日間というもの息絶えたが、その間、大きな鯉と化し、湖を泳いでいるうちに釣り上げられ、あわや料理されようとした時、息を吹き返した。その後、僧は長寿を全うし、臨終の際、鯉の絵を湖水にまくと、描かれていた鯉は紙から抜け出して水の中を泳ぎまわったという「落ち」がついている。強いて言えば、生類を愛する執念がテーマであろうか。

▽「（妬婦《とふ》の）害《わざは》ひの甚しからぬも商工《わたらひ》を妨げ物を破りて、垣の隣の口《そしり》をふせぎがたく、

害ひの大なるにおよびては、家を失ひ国をほろぼして、天が下に笑を伝ふ。いにしへより此《この》毒にあたる人幾許《いくばく》といふ事をしらず」（「吉備津の釜」）——この物語の主人公の「炉婦」（嫉妬深い妻、磯良《いそら》）は、まず、生霊となって夫の愛人を呪い殺し、死後は、それでもまだ浮気心のおさまらない夫を死霊となって取りついて殺す。一読、女の嫉妬の恐ろしさを存分に思い知らされる。作者は、「只かりそめなる徒《あだ》ごとに、女の慳《かだま》しき性《さが》を募《つの》らしめて、其身の憂《うれひ》をもとむるにぞありける」と、浮気な男たちを戒めている。

▽「猶俤《おもかげ》の露忘れがたく、しばしまどろむ暁の夢に、かの真女子《まなご》が家に尋ねいきて見れば、……真女子出で迎ひて、〈御情《なさけ》わすれがたく待ち恋奉る。此方《こなた》に入らせ玉へ〉とて奥の方にいざなひ、酒菓子《くだもの》種々《さまざま》と管待《もてな》しつゝ、喜《うれ》しき酔《ゑひ》ごゝちに、つひに枕をともにしてかたるとおもへば、夜明けて夢さめぬ」（「蛇性の婬」）——たまたま雨宿りで傘を貸した「此世の人とも思はれぬばかり」の美しい女性（真女子）に心を奪われた男は夢から覚めると、朝食も忘れて真女子のもとに向い、夢で見た通りのことが起る。実はその絶世の美女は年経たる蛇《おろち》の化身で、執念深く男につきまとい、最後に御祈禱僧によって退治される。

編者からひとこと　溝口健二監督『雨月物語』（一九五三年ベネチア映画祭銀獅子賞）は、「浅茅が宿」と「蛇性の婬」をひとつの物語として脚色したもので、真女子を京マチ子、宮木を田中絹代、男を森雅之が演じている。日本映画の最高傑作である。

［文献案内］鵜月洋訳注『改訂版 雨月物語』（角川ソフィア文庫）、青木正次全訳注『雨月物語』（講談社学術文庫）。

一途な思いが身の破滅

「冥途の飛脚」

近松門左衛門

著者と作品紹介

江戸中期の劇作家、近松門左衛門《ちかまつもんざえもん》（一六五三―一七二四）は、武士の子として越前に生まれ、京都で公家に仕えたことがきっかけで浄瑠璃の脚本を書くようになり、当時の有名な人形浄瑠璃座の竹本義太夫《ぎだゆう》に認められ、竹本座の専属作者となる。その一方で、人気役者、坂田藤十郎のために脚本を執筆するなど、歌舞伎作者としても活躍。百数十編にのぼる作品は、『国性爺合戦《こくせんやかっせん》』など歴史を題材とした時代物と、『曾根崎心中』など男女の情愛をテーマとした世話物に大別され、世話物の傑作『冥途《めいど》の飛脚《ひきやく》』（一七一一）では、遊女・梅川《うめがわ》のために店の金を使い込んだ、飛脚屋の若い主人・忠兵衛《ちゆうべえ》の一途な思いが描かれている。生きられるだけはこの世で一緒にいようと逃げるふたりには、心中物にはないリアルな人間像がある。

要約

梅川に焦《こが》れて通う廓《さと》雀《すずめ》の忠兵衛

大阪・淡路《あわじ》町《まち》、飛脚屋の鑑《かがみ》といわれた亀屋の世継、忠兵衛はことし二十四。日も西に傾く頃、梅川に焦れて通う廓雀、忠兵衛が、そわそわして何も手につかぬ様子で帰ってきた。そこへ、丹波屋の八右衛門があらわれ、「江戸から送られてきた五十両、なぜ届けぬ。五日三日おくれるのは仕方ないとして、もう十日あまりになる。今日も使いを遣《や》ったが、手代めの横柄な返事。さあ、金はいま受け取ろう」と詰め寄る。

「面目も次第もない」と、忠兵衛、泣きながら、「何を隠そう、知っての通り、田舎客が金にものを言わせて、梅川を身請けする話がきまりそうになり、ふたりで心中を決意したが、ちょうどそこへ江戸から金が届き、それを懐に押し込んで新町まで一散、田舎客との談合を破らせ、こっちが身請けすることにきめ、手付けにその五十両を渡した次第。これも八右衛門という男を友達に持ったおかげと、朝晩、北に向かって拝んでいます。遅くとも四五日中にはほかの金も上《のぼ》るはず。けっして損はさせません。この忠兵衛を人と思えば腹も立つでしょう。犬の命を助けたと思って、どうぞご勘弁を」

「言いにくいことをよく言った」と、八右衛門もほろりと涙ぐみ、「丹波屋の八右衛門も男だ。勘弁して待ってやる。首尾よくやれよ」。忠兵衛は「御恩はけっして忘れぬ」と土下座。

夜も更《ふ》け、荷物の到着を知らせる馬の鈴の音。出入りの堂島のお屋敷から催促のあった三百両も届き、忠兵衛はこれを懐中に出掛ける。心は堂島へ向かいながらも、身は梅川の待つ新町へ。狐が化かすか南《な》無《む》三宝《さんぼう》と引き返すか、我知らずここまで来たは、梅川が用あって氏神様のお誘いか、ちょっと寄って顔を見てからにするか、それとも、戻るか、ここが大事な分別どころ。ええい、行ってしまえ、と、一度は思案したものの、二度目に分別を失い、これが冥途の飛脚となり……

生きられるだけはこの世で一緒に

座敷を抜け出して越後屋で待つ梅川、はやく望み通り忠様と一緒になって、ここから抜け出したいと、泣きながらに語れば、一座の女郎もわが身と重ね合わせ、ともに泣く。そこへ、八右衛門がやって来て、忠兵衛が田舎客と張り合って、梅川の身請けの手付けに出した五十両は、実は自分に届けるはずの金を使い込んだものと、その顛末を話す。

「あのように乱れては、親が勘当すると脅しても、釈迦《しやか》、達磨《だるま》が意見しても、聖徳太子がじきじきに諭しても、直りはしない。人でなしとはあいつのこと。忠兵衛のためを思って、ここには近寄らせないでほしい」

門口で立ち聞いていた忠兵衛は、たまりかねて座敷に駆け入り、「五十両や百両の金で友達に損をさせるような忠兵衛ではござらぬ」と、懐中の金子に手をかけようとする。八右衛門は止めるが、忠兵衛は聞き入れず、預り金の封印を切って、五十両をくるくると引き包み、八右衛門の面へ投げつけ、身請けの残りなどを払い、手元に残ったのは四十両。

「お屋敷に届けるはずの金を使っては、飛脚屋仲間から詮議の手が伸びる。こうなったのも因果とあきらめてくれ」と言う忠兵衛に、「別に命は惜しくはない。ふたり死ねれば本望。今すぐ死ぬといわれても構いはしない。しかし、ここが分別の据《す》えどころ。そうじゃ、生きられるだけはこの世で一緒にいましょう」と、梅川。

身請けの手配がすべて済み、ふたりは大門を出て、相合駕籠《あいあいかご》に乗り、朝まだき廓街を後にする。こんなふうにふたり一緒に生きていられる命が不思議、色《きやく》で逢ったのはもう昔のこと、今は本当の夫婦《めおと》と、ふたりは涙。

駕籠を帰した忠兵衛と梅川は、風に擦れ合う枯れ薄《すすき》の音にさえ、追手かと怯え、人目を避けて、霙《みぞれ》まじりの野道をたどり、奈良を越え、廿日《はつか》あまりに四十両を使い果たして、残るは二歩《ぶ》（一両の半分）、ようやく忠兵衛の故郷、大和《やまと》の新口村《にのくちむら》にたどりつく……

読みどころと名言

▽**「此の中の雨続《つゞ》き。川々に水が出ますれば 道中に日が込《こ》み。金《かね》の届《とゞ》かぬのみならず手前も大分《ぶん》の損《そん》銀。もし盗賊か切《きり》取るか 道からふつと出来心。万々貫目《がんめ》取られても。十八軒の飛脚宿から弁《わきま》へ。芥子《けし》程も御損かけませぬ」**――江戸からまだ金は届かないかと催促に来たお屋敷の使いの者に、亀屋の手代が言う言葉。飛脚屋（宿）は物と金との運搬を行っていて、途中で盗賊に奪われたり、飛脚が悪心を起こして持ち逃げなどした場合、十八軒の店全体で弁償する仕組みになっていた。とくに亀屋は評判のよい飛脚屋である。

▽**「身請の衆は親方《おやかた》が済《す》んでから。宿老《しゆくらう》殿で判を消《け》し。月《ぐわ》チ行事《ぎやうじ》から札《ふだ》取らねば 大門が出られませぬ」**――身請けされた女郎（身請の衆）が晴れて自由の身になるには、まず抱主に身請けの代金や借金などを支払い、町年寄（宿老）の認可を得て、その上で、廓内の事務を代行する当番（月行事）から、大門（廓と外の世界とを隔てる関所のような門で、東西にふたつある）を通過する札をもらわねばならなかった。

▽**「なぜに命が惜《お》しいぞ 二人死ぬれば本望。今とてもやすいこと 分別据《す》へてくだんせなふ。ヤレ命生《い》きやふと思ふて此の大事がなる物か。生きらるゝだけ添《そ》はるゝだけ 高《たか》は死ぬると覚悟しや。ア、そふじや生きらるゝだけ此の世で添はふ」**――梅川は、死を覚悟しながらも、今ここで死ぬことよりも、ともに生きることを選ぶ。短慮な忠兵衛を

リードする彼女のたくましさと、男への強い情念が感じられる。

▽**「髪《かみ》の髻目《わげめ》のほつれたを。わけて進《し》んじよと櫛《くし》を取り。手さへ涙に凍《こゞ》ゑつき冷えたる。足を太股《ふともゝ》に 相合火燵《あひやひごたつ》 相輿《あひごし》の。駕籠《かご》の息杖《いきづえ》 生きてまだ。続く命が、不思議ぞと。二人が涙」**――霙のなかを駕籠に乗って逃げる忠兵衛と梅川の様子である。「髪の髻目」はまげの結び目のこと。ふたりでひとつの駕籠に乗って、冷えた足をたがいに相手の股にいれて暖を取っている様子を「相合火燵」と言っている。「息杖」は駕籠かきの杖のことで、一息つくとき、駕籠を支えるのに使う。このあたり浄瑠璃特有の語呂のよい文章がつづく。

▽**「泣くか笑ふか 富田林《とんだばやし》の群烏《むらがらす》。せめて一夜の心なく。咎《とが》むる声《こゑ》の高間《たかま》山 あの葛城《かづらき》の神ならで 昼の通路《かよひぢ》つゝましく。身を忍ぶ道恋の道。我から狭《せば》き浮世の道 竹の内峠袖濡《ぬ》れて。岩屋越《いはやご》へとて石道や野越へ山くれ 里〴〵越へて行くは恋《こひ》ゆへ」**――相愛の男女が連れ立って行く「道行」の場面である。通過する地名（富田林、高間山など）が列挙され、文楽では、それに合わせて、野や山などの描かれた書割が舞台の背景を移動する。

〔編者からひとこと〕 新口村にたどりついた忠兵衛と梅川は、親切な村人の助けでいったんは追手から逃れるものの、捕らえられ、ふたりの死罪を暗示してドラマは終わる。この作品で強調されているのは、「死」よりも「生」である。生きていてこそ愛がある。

[文献案内] 諏訪春雄訳注『曾根崎心中 冥途の飛脚 心中天の網島』（角川ソフィア文庫）、祐田善雄校注『曾根崎心中・冥途の飛脚 他五篇』（岩波文庫）。

色欲に生涯を捧げた男の記録

「好色一代男」

井原西鶴

著者と作品紹介

江戸前期の小説家で俳人の井原西鶴《いはらさいかく》（一六四二―九三）は、大阪の富裕な商家に生まれたとされ、十五歳で俳諧をはじめ、二十一歳で俳諧師として独立する。最初の小説『好色一代男』（一六八二）は、同時代の風俗を描いているところから「浮世草子」と呼ばれる新しい文学様式のさきがけとなった。主人公、世之介《よのすけ》の七歳から六十歳にいたるまでの、日本各地で展開される飽くなき色欲の日日を描いた物語で、西鶴みずから描いた挿絵入りで出版され、大好評を博した。全八巻五十四章のエピソードからなり、『源氏物語』五十四帖を下敷きにしたパロディでもある。「好色物」に『好色五人女』『好色一代女』、「町人物」に『日本永代蔵《にっぽんえいたいぐら》』『世間胸算用《せけんむなざんよう》』、「武家物」に『武道伝来記』『武家義理物語』などの作品がある。

要約

七歳で色気づき、十一歳で遊女を身請けする

但馬国《たじまのくに》の銀山の里から京へ出てきた大金持ちの夢介と遊女とのあいだに生まれた世之介は、両親の寵愛をうけて育てられた。七歳のとき、夜、手水場《ちょうず》に立ったおり、お供の女中の袖を引いて、色気づいたところを見せた。九歳になると、行水している女を屋根のうえから遠眼鏡で覗き見し、その夜、女のところへ忍んで行ったが、相手にされず、一部始終を乳母に明かされ、乳母も「なんとませたことか」と驚いた。

はじめて廓に行ったのは十一歳のときだった。身の上話に感じ入った世之介は、女を身請けして山科《やましな》の親元に帰し、通いつづけた。その後、友達と須磨に月見に出かけた折、床をともにした湯女《ゆな》の下品な仕草に興ざめしたことも、はじめは気にいらなかった遊女の立ち姿の腰つきに何ともいえぬ色気を感じて契ったことも、旅回りの男衆を買ったことも、

後家に言い寄られたこともあった。

十八歳のとき、江戸の出店の決算を調べてくるように父親に言われて、世之介は京を発ち、宿に泊まるたびに女を相手にし、駿河の江尻では若狭、若松という姉妹を身請けしてしばらく住み着き、ようやく着いた江戸では、廓めぐりの放蕩がやまず、とうとう勘当されてしまった。店の番頭のはからいで、ある寺の住職に頼んで、谷中の東に庵を結び、一日二日は経などを読んでいたが、いっこうに道心おこらず、少年を庵に引き入れ、日夜乱れて、昔の生活に戻り、庵を捨てて山伏の弟子になって吉野に向ったが、里心がつき、大阪に借家して、鯨細工の耳かきつくりの内職の、その日暮らしの日日。それでも色には懲りず、煩悩の垢落とし難く、蓮葉女にうつつを抜かして二十三歳の年も暮れた。

佐渡の金山をめざして行ったものの、渡世の手立てなく、魚売りとなって北国を行商したのは二十六歳の春のことで、酒田では江戸で契った比丘尼《びくに》に再会し、かくて好色の遍歴はとどまることがなかった。

最後は女護島《にょごのしま》をめざして船出

諸国遍歴の世之介は、売色もする巫女《みこ》と懇《ねんご》ろになり、常陸《ひたち》の鹿島に伴い行き、自分も神職になり、各地にその年の吉凶を触れまわった。塩釜では、湯立てする巫女に一目惚れして、手込《てご》めにするところを取り押さえられ、片方の小鬢《こびん》を剃り落とされた。その奇妙な様を信濃路の関所でとがめられ、獄舎に入れられた世之介は、たちまち隣の獄舎の女と格子越しに歌など交わして親しくなり、将軍家の法事にともなう特赦で放免されるや、その女と手と手を取り合って千曲川を渡った。

東奔西走、南船北馬のすえ辿りついた泉州で、世之介は漁師の女房たちと船遊びを楽しんだが、難破して岸にうちあげられ、ようやくの思いで堺に住む、以前使っていた手代の親のところへ頼って行った。そこで父親が死んだことを知り、京の家に帰り、二万五千貫目という莫大な財産を相続した。世之介三十四歳のことである。

それから二十七年、日本中の遊女街を残らず経巡り、贅を尽くした大尽遊びを堪能し、いまでは浮世に未練もなくなった。杖がなくては頼りないほど足も弱り、耳も遠くなり、馴染《なじ》みの女たちも白髪頭になった。世之介は、手元に残った六千両を東山の奥深くに埋め、七人の親友を誘い合わせて、船を作らせ、これを好色丸《よしいろまる》と名づけ、太夫の腰巻でつくった吹貫《ふきぬき》を立て、女郎たちの記念《かたみ》の着物を縫い合わせた幔幕《まんまく》を連ね、床には遊女評判記の類を敷き並べ、大綱に女の髪を縒《よ》りまぜ、台所には牛蒡、山芋、卵を貯蔵し、生簀《いけす》にどじょうを放ち、地黄丸《じおうがん》、女喜丹《にょきたん》、りんの玉など、強精・催婬に効ある品々のほか、水牛や錫や革の張形、春画、伊勢物語、鼻紙、丁子《ちょうじ》の油などなどをととのえ、「これより女だけが住む女護島へ渡って、つかみどりの女をご覧にいれよう」と言えば、「たとえ腎虚《じんきょ》になろうとも、それが男の本望」と、伊豆の国より船出して、行方知れずになった。

読みどころと名言

▽「松嶋や雄嶋《をしま》の人にも。ぬれて見むと。身は沖《おき》の石。かはく間もなき下の帯。末の松山、腰のかゞむまで。色の道はやめしと。けふ塩竈《しほがま》の明神に来て。御湯《ゆ》まいらせける人を。みるからこひそめ……」——塩釜で湯立て（熱湯に浸した笹の葉で禊《みそぎ》をすること）する巫女に一目惚れする場面である。「松嶋や雄嶋」「沖の石」「末の松山」はいずれもよく知られた和歌からきている。詩歌の古典を下敷きにした語呂のよい文体を創造したところに西鶴の浮世草子の新しさと人気の秘密があった。

▽「今こゝに。美しき女の。土《ど》葬《さう》を堀返し。黒髪。爪をはなつといふ。何のためにと。きけば。上方《かみがた》の傾城町《けいせいまち》へ。毎年。しのびて。売《うり》にまかると。かたりぬ」——獄舎で知り合った女は実は家出人で、追手に捕まって殺され、土葬に付された。世之介もあやうく命を奪われるところだった。遊女が客に自分の真心を示すことを「心中立《しんじゅうだて》」と言い、その証拠として自分の黒髪や爪を贈ったが、なかにはこうして調達されたものもあったのであろう。「好色丸」の大綱に縒り混ぜられた黒髪も「心中立」の一品である。「はなつ」は切り取るの意。

▽「夢見よかと、はいりて。汗を悲しむ所へ。秋までのこる蛍《ほたる》を数包《かずつゝみ》て。禿《かぶろ》に遣《つかは》し。蚊屋《かや》の内に飛《とば》して。水草《みずくさ》の花桶入て。心の涼しきやうなして。都の人の野とやみるらんと。いひ

さまに。寝懸姿《ねかけすがた》のうつくしく。是《これ》はうごきかとられぬと。首尾《しゆび》の時の手たれ。わさとならぬすき也」——遊女との床入りの描写である。「夢を見る」はセックスの行為を意味し、「首尾」も同様である。蛍や水草で涼しさを演出する心くばり、うっとりするような寝かかるときの姿に床上手《とこじょうず》。生まれついての色好みのゆえか。遊女礼賛の一節でもある。

▽**「去人《さるひと》、京にて。丸屋の七左衛門方に。梨子地《なしぢ》の塗長持《ぬりながもち》に。定紋《でもん》を付て。四季の寝道具とゝのえて。枕箱、煙草盆其外《たばこぼんそのほか》うつは物。水呑まで、きよらかに、あそばしける。何か奢《おごり》にあらず」**——世之介はこれにならって、寝具から食器など、遊女と遊ぶ際に必要なものを長持に収め、携行した。当時の大金持ちの遊び方、金の使い方の一端がうかがえる。

▽**「さて太夫はと、尋《たつね》ければ。九月十月両月は。去《さる》御方。市左衛門方にて。其跡《あと》、霜月中は。利右衛門方に御入《おいり》の約束。年忘れ三十日は。是に御けいやく。はや正月も定《さたま》り。年内に御隙《ひま》とては。一日もなし。此方《ほう》に年を御取りあそばし。春の事に。なされませいと申」**——江戸・吉原の名妓、高尾に逢うために、世之介ははるばる東海道を下るが、九月から正月まで予約済みという。十月末にようやく、揚屋の尽力で、客の隙をうかがって逢うことができた。「初めての床の仕懸。各別、世界に。又あるまじき太夫也」とある。

編者からひとこと　世之介が相続した銀二万五千貫は金《きん》で約四十二万両、一両を現在の五万円と換算すれば、約二百十億円。残金を引いても二百億円以上使ったことになる。

［文献案内］横山重校訂『好色一代男』（岩波文庫）、松田修校注『好色一代男』（新潮社）。

稀代のプレイボーイとその女たち

「源氏物語」

紫式部

著者と作品紹介

平安中期の小説家で歌人の紫式部《むらさきしきぶ》（九七三頃―一〇一四頃）は、夫と死別した二十代後半に『源氏物語』を書きはじめ、その文学的才能を当時の最高権力者、藤原道長に認められ、その娘で中宮（皇后）の彰子《しょうし》に仕える時期をはさんで、十一世紀はじめに完成したと推定される。全五十四巻（帖）から構成されるこの長編小説は、主人公の光源氏《ひかるげんじ》の誕生とそれにまつわる女官たちの確執からはじまり、多情な源氏の多彩な女性遍歴、藤壺中宮との密通、権力失墜と須磨での失意の生活、政界への復帰とこの世の栄華の成就、晩年の源氏の無常観、さらに、源氏亡きあとの縁者の愛欲の葛藤にいたる、七十年あまりにわたる物語を描く。その主たるテーマは愛と性をめぐる人間の欲望である。ほかに『紫式部日記』がある。

要約

禁断の恋と果てしない女性遍歴

桐壺帝の寵愛を独占する桐壺更衣《きりつぼのこうい》は、若宮を産み、そのために女官たちの激しい嫉妬と憎悪の的となり、心痛のあまり病死した。若宮は源氏の姓を与えられ、その光り輝くような美貌のゆえに光源氏と呼ばれ、その才能は宮中を圧するほどであった。十二歳で元服した源氏は左大臣の娘、葵《あおい》の上と結婚したが、亡き母に生き写しの、世にも稀なる美しい藤壺へひそかな思いをつのらせていた。

里に下っていた藤壺と逢瀬を遂げたのは、源氏十八歳の夏のことだった。やがて懐妊とわかり、藤壺は悩み苦しみ、源氏は深い罪におののいたが、その女性遍歴は止むことがなかった。生まれた皇子は源氏に生き写しで、帝は皇子を源氏と同様に寵愛した。

葵の上は夕霧を産んでのち、物の怪《け》に取り憑かれて急逝し、源氏は紫の上を新しい妻に迎えた。朱雀《すざく》帝に譲位された桐壺帝は崩御され、源氏の懸想《けそう》を避けるために藤壺は出家し、宮廷内で勢力を失った源氏は失意のまま、須磨、そして、明石に退居した。憂愁の日日を送りながらも、明石の君と契りを結び、やがて、召還の宣旨《せんじ》が下り、帰京した源氏は権大《ごんだい》納言《なごん》に昇進した。出生の秘密を知った冷泉帝は、藤壺と源氏のあいだに生まれた皇子が冷泉《れいぜい》帝として即位した。出生の秘密を知った冷泉帝は、源氏に譲位の意向を伝えるが、源氏はこれを固辞する。藤壺の死後、源氏は、彼女をはじめ多くの女たちについて紫の上に語るが、その夜、夢枕にあらわれた藤壺にたしなめられる。

夕霧は人品もすぐれ、父親のきびしい教育方針に従って学問にいそしみ、進士の試験に及第し、宮廷での昇進の道を上りはじめていた。

源氏は豪華な六条院を完成して、紫の上とともに他の女たちもそこに住まわせ、四十歳をまたずに太政大臣《だいじよう》に昇進し、準太上天皇の位をも受け、夕霧は中納言となった。朱雀院、冷泉帝ともども六条院に行幸され、その贅を尽くした饗宴は世の耳目を驚かし、源氏はこの世の栄華を満喫した。

三角関係に翻弄される男と女たち

源氏の四十歳の祝賀が盛大に行われ、朱雀院の愛娘、女三《おんなさん》の宮《みや》を正室として迎えた。かねてより彼女に思いを寄せていた柏木は、女二の宮と結婚したものの、思慕の念を断ち切ることができず、小侍従の取り持ちで女三の宮に逢い、思いを遂げた。女三の宮は罪の子、薫《かおる》を生んで間もなく出家し、柏木は罪の重荷に病み、泡の消えるように世を去った。

柏木から女三の宮への懸想文を発見し、ふたりの密通を知った源氏は、若き日のみずからの過失に思いを馳せた。柏木から後事を託された夕霧は、残された妻、落葉の宮への同情が恋慕となり、契るにいたる。正妻の雲居雁《くもいのかり》は怒って実家に帰り、夕霧の迎えにも応じようとしない。

女三の宮の輿入れ以来、独り寝のつづく紫の上は、病床に臥し、消えゆく露のごとくに息を引き取った。源氏は二十九年間にもおよぶ紫の上との生活をふりかえり、わが生涯とその果てに思いを馳せ、出家の用意を整えた。

源氏の没後、出生の秘密を知った薫は、出家の思いを抱くようになり、求道《ぐどう》のために宇治の山寺に通ううち、浮舟に一目惚れし、逢瀬を楽しむことができた。薫と同じような芳香がそなわっている匂宮《におうのみや》も浮舟に恋慕し、薫を装って彼女に近づき、思いを遂げる。浮舟は都から届くふたりの文に返歌をしたため、煩悶の日日を過ごしていた。

薫は浮舟を家に迎えることにするが、これを知った匂宮は機先を制するために画策し、こうして、ふたりの男の間にあって、身の処置に困り果てた浮舟は、入水《じゅすい》を決意する。瀕死のところを、比叡山・横川《よがわ》の僧都《そうず》に助けられ、出家して山里に隠れ住み、訪ねてきた薫との対面をかたくなに拒むのであった。

読みどころと名言

▽「いづれの御時《おほんとき》にか、女御《にようご》、更衣《かうい》、あまたさぶらひ給《たま》ひけるなかに、いと、やむごとなき際《きは》にはあらぬが、すぐれて時《とき》めき給ふ、ありけり。はじめより、『われは』と思ひあがり給へる御かた〴〵、めざましき者に、おとしめ嫉《そね》み給ふ」(「桐壺《きりつぼ》」)——冒頭の部分である。桐壺というタイトルは、源氏の母が住む局(部屋)の名に由来し、帝(源氏の父)は、この巻に登場することから桐壺帝と呼ばれる。天皇の夫人は中宮以下、女御、更衣とつづく。更衣の桐壺が帝の寵愛を独占したため、嫉妬の集中砲火を浴びることとなった。女たちの嫉妬の情がこの小説の基調をなしていることを示す導入部分である。

▽「かゝるけはひの、いと香《かう》ばしくうち匂《にほ》ふに、顔をもたげたるに、単衣《ひとへ》うちかけたる几《き》帳《ちよう》のすき間に、暗けれど、うちみじろき寄るけはひ、いとしるし。あさましくおぼえて、ともかくも思ひわかれず、やをら起き出でて、生絹《すゝし》なる単衣《ひとへ》ひとつを着て、すべり出でにけり」(「空蟬《うつせみ》」)——伊予介《いよのすけ》の後妻、空蟬は、外出先ではからずも源氏と契り、その執拗な懸想を拒みつづけていた。ある夜、夫の留守中、源氏が寝所に忍んできたが、その衣ずれの音と香の匂いでそれと察知し、脱出。そのもぬけの床から「空蟬」の呼称が生まれた。やむなく源氏は横に寝ていた伊予介の先妻の娘、軒端荻《のきばのおぎ》と契る。闇夜、匂いで人物が識別できた。

▽**「蛍《ほたる》を、薄き帷子《かたびら》に、この夕つ方、いと多く包みおきて、光を包み隠し給へりけるを、さりげなく、とかくひきつくろふやうにて。にはかに、かく掲焉《けちえむ》に光れるに、浅ましくて、扇をさし隠し給へるかたはらめ、いとをかしげなり」**（「蛍」）――源氏が、桐壺帝の皇子、蛍宮《ほたるのみや》に玉鬘《たまかずら》の姿を垣間見させるため、たくさん捕まえておいた蛍の光を利用する場面である。わずかに照らし出されたその横顔に、蛍宮は悩殺されてしまう。掲焉は「目だって」の意であるが、蛍の光でどれほど見えるものであろうか。「夜目遠目笠の内」と言うように、よく見えないほど想像力が刺激される。平安貴族の美意識の一端が示されている。

▽**「客人《まらうど》、〈総角《あげまき》に長き契りを結びこめおなじ所によりもあはなん〉と書きて、見せたてまつり給へれば、『例の』と、うるさけれど、〈ぬきもあへずもろき涙の玉《たま》の緒《を》にながき契りをいかゝ結ばん〉とあれば、『あはずば何を』と、うらめしげにながめ給ふ」**（「総角」）――客人は薫、その相手は宇治に住む桐壺帝の第八皇子、八宮《はちのみや》の娘、大君《おおきみ》。大君が父親の一周忌に、仏に奉る名香を紙に包み、総角という髪型に似たかたちに糸で結び合わせるさまを見て、薫は、その糸のようにあなたといっしょになりたいと迫るが、大君は相手にしようとしない。他の巻と同様、巻名は和歌のなかのある言葉に由来する。

編者からひとこと　『源氏物語』を読む上での難関のひとつは、人物の呼称である。多くの場合、住む場所、官位、血縁関係、渾名《あだな》などで呼ばれる。紫式部も官位名である。

［文献案内］玉上琢彌訳注『源氏物語』（角川ソフィア文庫）、山岸徳平校注『源氏物語』（岩波文庫）。

3 社会を知るために

文明の比較から日本を位置づける

「文明の生態史観」

梅棹忠夫

著者と作品紹介

社会人類学者で比較文明学者の梅棹忠夫《うめさおただお》（一九二〇―二〇一〇）は、京都に生まれ、京都大学理学部動物学科を卒業、大阪市立大学を経て京大人文科学研究所教授となる。戦前は、北部大興安嶺、内蒙古、戦後は、アフガニスタン、東南アジアなどの学術探検を行い、その見聞と思索から生まれたのが、世界の文明の新しい見方を提示した『文明の生態史観』（雑誌論文初出は一九五七年、単行本は一九六七年刊）である。高度な文明社会としての日本と西ヨーロッパの共通点を指摘し、その平行進化をあきらかにした、画期的な著作である。国立民族学博物館の創設に尽力し、その初代館長を務めた。一九九四年、文化勲章受章。ほかに、現在の情報化社会をいち早く予見した『情報産業論』、『知的生産の技術』など多数の著作がある。

要約

日本と西ヨーロッパは平行進化をとげた

現代の世界という空間の中で、日本がしめている位置の、正確な座標を決定すること。それが当面の課題である。世界といっても、さしあたり、旧世界に限定しよう。つまり、アジア、ヨーロッパおよび北アフリカまでをふくむ地域である。この地域において、世界はどういう構造になっているか。

まず、現代の日本人の生活様式は、どういう特徴をもっているかを問おう。それは、じつにかんたんなことだが、高度の文明生活ということだとおもう。文明の特徴は、たとえば、巨大な工業力である。それから、全国にはりめぐらされたぼう大な交通通信網、教育制度、教育の普及、豊富な物資、生活水準の高さ、発達した学問、芸術など。現代の日本が、高度の近代文明の一つであることはまちがいない。

旧世界においてこういう状態の実現に成功した国は、まだ、ごくすくないのである。国全体として高度の文明国になったのは、日本と、その反対側にある西ヨーロッパの数カ国だけである。ここでわたしは、旧世界を、バッサリ二つの地域にわけ、それぞれを、第一地域、第二地域と名づけよう。旧世界を横長の長円にたとえると、第一地域は、その、東の端と西の端に、ちょっぴりくっついている。第二地域は、長円の、あとのすべての部分をしめる。第一地域の特徴は、その生活様式が高度の近代文明であることであり、第二地域の特徴は、そうではないことである。

わたしは、明治維新以来の日本の近代文明と、西欧近代文明との関係を、一種の平行進化とみている。どちらもふるいシステムを修正しながら成長をつづけてきた。日本はかならずしも西欧化を目ざしていたのではない。いまでもそうではない。日本には日本の課題があった。ただ、西ヨーロッパ諸国と日本とは、いろいろな点でたいへん条件が似ていたために、平行的な道をあゆんでしまったとみるのである。

主体と環境との相互作用で社会は遷移《せんい》する

わたしは、第一地域と第二地域とでは、もともと、社会の構造がかなりちがうのだとかんがえている。第一地域の現代における経済体制は、いうまでもなく高度資本主義で、ブルジョアが実質的な支配権をにぎっている。その体制は、みな革命によって獲得された。

それ以前は封建体制である。封建体制がブルジョアを養成した。これが、第一地域のたいへんいちじるしい共通点で、つまり第一地域というのは、封建体制のあった地域なのだ。

第二地域は、それの裏がえしになる。資本主義体制は未熟である。革命によってもたらされるものは、おおむね独裁者体制である。革命以前は、主として専制君主制か、植民地体制である。

第一地域・第二地域の区分が、革命以前の体制にふかい関係があるということは、興味ぶかいことである。第一地域の国々は、封建制の時代から、しらずしらずのうちに、平行進化をとげてきたことになるからである。

私の意図するところは、共同体の生活様式の変化、生態学でいうところの遷移（サクセッション）の法則をしることである。遷移という現象は、主体と環境との相互作用の結果がつもりつもって、まえの生活様式ではおさまりきれなくなって、つぎの生活様式にうつることからうまれる。このような理論を歴史にあてはめてみたのが、生態史観である。

第二地域の歴史は、だいたいにおいて破壊と征服の歴史である。第一地域は、このような第二地域からの攻撃と破壊をまぬかれた温室みたいなところで、その社会はこの条件のよいところで、ぬくぬくとそだって、何回かの脱皮をして今日にいたった、というのがわたしのかんがえである。第一地域は、サクセッションが順序よく進行した地域である。そういうところでは、歴史は共同体の内部からの力の展開として理解することができる。

読みどころと名言

▽**「第二地域内でも、当然いくつかの平行進化の例があるはずだ。ツァーのロシア、清朝、ムガル帝国、スルタンのトルコなどの、第二地域にならぶ巨大な専制帝国の社会史の比較研究は、すばらしくおもしろそうなテーマだとおもう」**――平行現象として、燦然たる宮廷、ぼう大な領土、複雑な民族構成、辺境の存在などをあげ、著者自身の「将来の勉強のためのプラン」と記しているが、それは同時に読者の知的好奇心の刺激剤ともなる。

▽**「文明の要素は、移植が可能である。そのために必要なのは、技術であって、精神ではない。主として西ヨーロッパから、文明の諸要素を大量に日本にもちこんだとき、すでに日本には、その運転手がいた。封建時代を通じて育成され、革命をへて解放された、エネルギーにみちたブルジョワがいた」**――明治維新以降の日本の急速な技術革新を可能にしたのは、江戸時代に培われていた日本人の技術の高さである。日本には西ヨーロッパの科学技術をうけいれる素地が用意されていたのである。これも「平行進化」のあらわれである。

▽**「植民地からあがるもうけということを考慮にいれると、もし鎖国ということがなかったら、日本は独自の産業革命を、すでに明治以前になしとげていたかもしれないとおもう。あるいは、とっくのむかしに、インドあたりでイギリスと決戦をやっていたかもしれな**

い」——東南アジア一帯に散在していた日本人植民地の足がかりは、鎖国によって消え去ってしまった。そのために、日本によるアジア侵略と植民地化の動きは、二百年以上も遅れることとなった。第一地域内での東西の決戦は、第二次世界大戦までもちこされた。

▽**「アジアは一つだという思想は、まちがいだとおもう。アジアはいくつかの異質な部分からなりたっている」**——文明の生態史観は、著者がアジアを旅行して、日本はアジア諸国の中でも、ひどく特殊な国らしいと感じたところから生まれた。日本は、同じカテゴリーの国々のなかの、やや先進的な国というのではなく、別物である、と著者は言う。

▽**「実感からいうと、日本から西にむかってすすんだ場合、シンガポールからラングーンあたりまでは、なんとなくなじみがあって、東洋という感じがつよい。それが、ベンガルから西になると、ずいぶん異質なものが目立ってきて、もうとても東洋とはおもえない。一方、ヨーロッパの人たちが東にむかってやってくる場合、ギリシアあたりまでは西洋だとおもっている」**——東洋でも西洋でもない中間の地域を、著者は「中洋」と呼ぶ。

編者からひとこと　『文明の生態史観』が雑誌に発表された当時、一種の日本論としてうけとられたことに、著者は違和感を感じたと記しているが、編者はこの論文を、戦後まもない貧しい日本がけっして西欧に引けをとらない高度な文明国であることを示して、日本人を勇気づける書でもあると受け止めた。そういう読み方も許されるのではなかろうか。

[文献案内]　梅棹忠夫『文明の生態史観ほか』（中公クラシックス）。

親分・子分の関係で支配される単一社会

「タテ社会の人間関係」

中根千枝

著者と作品紹介

社会人類学者の中根千枝《なかねちえ》（一九二六―）は、東京に生まれ、東京大学文学部東洋史学科卒業後、ロンドン大学で社会人類学を学び、東大東洋文化研究所教授、所長となる。社会構造の比較研究を旨とする社会人類学の立場から、インド、チベット、日本を研究し、日本の社会に見られる、「タテ」の関係が偏重される集団の特質を『タテ社会の人間関係』（一九六七）で分析した。その分析のカギとなるのが、「資格」（氏・素性や学歴、職業、社会的地位など個人の属性）と、「場」（地域や所属機関などの枠。家や会社はその典型）で、日本人の集団意識は「場」を優先し、「タテ」の序列を偏重し、論理より感情に傾くことが説かれている。日本人論の古典である。二〇〇一年文化勲章受章。ほかに『未開の顔・文明の顔』など。

要約

日本人の集団意識は場から生まれる

どの社会においても、個人は資格と場による社会集団に属している。筆者の考察によれば、社会によって資格と場のいずれかの機能を優先したり、両者が互いに匹敵する機能をもっている場合がある。この機能のあり方は、その社会の人々の社会的認識における価値観に密接な相関関係をもち、そこにその社会の構造を端的に考察することができる。この点において最も極端な対照を示しているのは、日本とインドの社会であろう。日本の集団意識は場に、インドでは反対に資格におかれている。日本人が他人に対して自分を社会的に位置づける場合、好んでするのは、資格よりも場を優先することである。記者であるとか、エンジニアであるということよりも、まず、A社、S社の者ということが伝えられる。このような集団意識のあり方は、日本の社会の津々浦々まで浸透している普遍的な「家」の概念に明確に代表されている。「家」は生活共同体という枠の設定によって構成される社会集団の一つである。

この枠をいっそう強化させ、集団としての機能をより強くするために、この枠内の成員に一体感をもたせる働きかけとして、感情的《エモーショナル》なアプローチが行われる。それが招来するのは、たえざる人間接触であり、これは往々にしてパーソナルなあらゆる分野（公私をとわず）に人間関係が侵入して来る可能性をもっている。

日本社会は非常に単一性が強い上に、集団が場によってできているので、枠をつねにはっきりしておかなければ他との区別がなくなりやすい。そのために、日本のグループはしらずしらず強い「ウチの者」「ヨソの者」意識を強めることになってしまう。この志向があまりに強調されるため、日本人にとっては、「ウチ」がすべての世界となってしまうのに対して、資格に重きを置くインド人の場合は、自分たちの集団は、全体の中の一つであるという余裕のある認識をもちうる。

序列が偏重される「タテ」の組織

場の共通性によって構成され、枠によって閉ざされた集団の構成員を強く結びつけるには、感情的《エモーショナル》なアプローチのほかに、独特な組織が必要である。この組織には、日本のあらゆる社会集団に共通の構造がみられる。筆者はこれを便宜的に「タテ」の組織と呼ぶ。

この「タテ」の組織の中では、たとえ同一資格を有する者であっても、何らかの方法で「差」が設定され、強調されることによって、驚くほど精緻な序列が形成され、近代企業における能力主義の人事管理をはばむ要因ともなっている。従業員の序列は入社年次によって（学歴が同じ場合）、普通きまるようである。これは、経営者がつくるというよりは、従業員自体の意識によって設定されるといえよう。この序列の強さは職種の違いをこえるものであって、同期生意識は普通、職種をとわず貫かれている。職種の制度が確立していないことが、いっそう序列というものが機能する結果を生んでいる。

日本社会における根強い序列偏重は、年功序列制などという近代社会に発達した制度を取りあげるまでもなく、私たちの日常生活において遺憾なく発揮されている。第一に、私たちは序列の意識なしには席にも着くこともできない（日本間《ま》のしつらえは、特に決定的な作用を果している）し、しゃべることもできない（敬語のデリケートな使用、発言の順序・量などに序列が反映されている）。

序列という規準は、いかなる社会にも存在している。しかし、日本以外の社会では、その規準が社会生活におけるあらゆる人間関係を支配するというほどの機能をもっておらず、きわめて弾力的・限界的で、他の規準（たとえば能力）に対して譲歩しうるのである。

企業や官僚組織や政党など、日本のほとんどすべての組織は、親分・子分によって象徴される、日本の土着の「タテ」の関係によって支配されているといってよい。

▽**「日本の労働組合は、私の理論でいう枠によってできる組合であって、同一資格者によってできるものではない。こうした組合構成というものは、世界的にも珍しいものといえよう」**――欧米では、労働組合は職種別に（「ヨコ」の関係で）組織されるのが普通である。ところが日本では、まず企業別組合があり、その集合体として産業別組合が構成される。これなども「タテ」社会としての日本の特徴を示すものである。

▽**「日本人がめざましい近代化をやりとげることができた一因は、〈タテ〉につながる構造を百パーセント生かして使った、ということに求められよう。この組織構造の長所は、リーダーから末端成員までの伝達が、非常に迅速に行なわれるということ、そして、動員力に富んでいることである」**――「タテ」の連絡のよさ、動員の迅速さにおいて、日本人は比類がない。しかし、「ヨコ」の連絡の悪さ、セクショナリズムにおいても同様。

▽**「天才的な能力よりも、人間に対する理解力・包容力をもつということが、何よりも日本社会におけるリーダーの資格である」**――上に立つもの、親分は、むしろ天才でないほうがよい。あまりに頭が切れる上司をもった部下は、自分の能力を発揮しにくくなる。リーダー自身の能力よりも、リーダーがいかに部下の能力をうまく発揮させるかが重要なのである。日本人の理想的リーダー像は、ナポレオンではなく大石内蔵助《くらのすけ》である。

▽**「このあまりに人間的な——人と人との関係を何よりも優先する——価値観をもつ社会では、対人関係が自己を位置づける尺度となり、自己の思考を導くのである」**——「みんながこう言っているから」「他人がこうするから」「みんながこうしろと言っているから」ということによって行動し、意志決定をする日本人が圧倒的に多い。これは一種の「社会的強制」だと、著者は言っている。そこからいわゆる「社会道徳」がつくりだされる。

▽**「社会組織の基盤となる人と人との関係のあり方には、〈タテ〉の関係や〈ヨコ〉の関係のほかに、〈契約《コントラクト》〉関係があるが、〈契約〉精神は日本人にはまったく欠如しているものであり、ほとんど絶望に近いと思われるのである」**——「タテ」の関係に代わるものとして「契約」の関係がある。たとえば、アメリカの大統領ケネディが、「敵陣営」に属する人物などをその能力によって抜擢して政権をつくりあげたのが、その好例である。日本ではとうてい考えられないことである。「タテ」よりも「ヨコ」を重視するところから、「契約」精神は生まれる。「タテ」社会が健在であるかぎり、「契約」精神は育ちようがない。

（編者からひとこと）「タテ」社会の基盤は日本社会の「単一性」にある、という著者の考えには、誰もが同意するであろう。そして、当然のことながら、日本が「単一社会」でありつづけるかぎり、「タテ」社会の弊害はなくならないであろうという指摘にも。

［文献案内］中根千枝『タテ社会の人間関係』（講談社現代新書）。

脱出不可能な状況のなかで生きる

「砂の女」

安部公房

著者と作品紹介

小説家の安部公房《あべこうぼう》（一九二四－九三）は、東京に生まれ、東京大学医学部卒業後、五一年、『壁－S・カルマ氏の犯罪』で芥川賞を受賞。以後、世界の不条理、人間の自由、個人と他者や共同体との関係などをテーマにした作品を発表し、代表作『砂の女』（一九六二）によって世界的な評価を確立した。ほかに『燃えつきた地図』『他人の顔』『箱男』、戯曲『友達』『棒になった男』などがある。『砂の女』の舞台は、海岸に近い砂丘のなかに埋れかかった一軒家。夏の三日間の休暇を利用して、砂地に棲息するハンミョウの新種を発見すべく、昆虫採集に出かけた三十半ばの学校教師の男は、女ひとりの住むこの家に一夜の宿を借りるが、家を埋没から救うために砂を掻い出す作業員として幽閉され、砂の世界から脱出を試みる……。

要約

ここは砂に侵蝕された特別な世界なのかもしれない

案内されたのは、砂丘の稜線に接した穴の底にある家だった。男は、縄梯子《なわばしご》をつかって、頭からさんざん砂をあびながら、屋根の高さの三倍はある垂直な砂の崖を降りていった。ランプを捧げて迎えてくれたのは、まだ三十前後の、いかにも人が好さそうな小柄な女で、浜の女にしては、珍しく色白だった。

家の壁ははげ落ち、襖《ふすま》のかわりにムシロがかかり、柱はゆがみ、窓にはすべて板が打ちつけられ、畳はほとんど腐る一歩手前で、焼けた砂のむれるような異臭が、いちめんにただよっていた。昆虫がよろこんで住みつきそうな環境だった。

女が食事を運んできた。魚の煮付けに、貝の吸い物だった。いかにも浜の食事らしいが、食べはじめた彼の上に、女が番傘をひらいて、さしかけたのである。なにか、この地方の、特別な風習なのだろうか？

「こうしないと、砂が入るんですよ、ご飯の中に……。降ってくるんですよ、どこからでも。風の向きのわるい日なんか、朝晩天井裏の砂とりをしないと、天井板がもたないほど、積もってしまうくらいですから……」

男は無言で食べおえる。傘の表面には、指で字が書けるほど、砂がつもっていた。

女は暗闇のなかで、器用にスコップを使って、石油罐《かん》のなかに砂をすくいこみ、家の裏側に砂をあけていた。あたりは、搬《はこ》んだ砂で、かなりの山になっていた。砂の山は、道からおろされたモッコで引きあげられ、それを運ぶらしいオート三輪の走り出す音がした。

毎日、これが一晩中つづくのだという。

「これじゃまるで、砂掻きするためにだけ生きているようなものじゃないか！」

「だって、夜逃げするわけにもいきませんしねえ……これで、ほうりだしてしまったら、十日もたたずに、家はすっかり砂に埋まってしまって、裏手のならびも同じように……」

あわてて逃げ出したりする必要はない

翌朝、男は、身支度すると、まだ寝ている女に気づかれないよう足音をしのばせ、外に出た。煮え立つ水銀のような太陽が、砂の壁のふちにかかって、穴の底をじりじりと焦《こが》しはじめていた。

信じがたいことだった。昨夜あったはずのところから、縄梯子が消えていたのだ。どこか、よじのぼれそうな所はないだろうか？　西側の壁は、五十度前後の傾斜だ。一歩のぼると、半歩ずり落ちた。砂の中に足がめり込む。四つん這《ば》いになって、がむしゃらによじ登る。頭の上の砂に手をのばした瞬間、砂から吐き出されて、穴の底にころげ落ちた。

「おい、梯子がないんだよ！　一体どこから上ればいいんだい？」

女は答えず、ただ首を左右にふりつづけるばかりである。女はまぎれもなく共犯者だったのだ。まんまと策略にかかったのだ。蟻地獄の中に、とじこめられてしまったのだ。

こうして男は、毎日、女と砂掻きに精を出し、休暇の三日がすぎ、一月がすぎた。男は暇をみては、着替えのシャツをほぐしたりしてロープを用意しはじめた。これに洗濯用の麻縄をつなぎ合わせると、ほぼ必要な長さになった。男は屋根の上にのぼり、ロープの先につけた裁ち鋏《ばさみ》を道に固定された俵に命中させ、ロープをよじのぼっていった。

四十六日目に自由をえた男は、走りにはしった。犬がほえ、村人が追いかけてきた。男は、塩あんこと呼ばれる沼地に腰までつかり、身動きできなくなったところを、助け出され、脇の下にロープをかけられ、再び穴のなかに吊《つ》り下ろされた。穴は深く、暗かった。

秋が過ぎ、冬が終り、女が妊娠した。半年ぶりで、縄梯子がおろされた。女は、ふとんごとロープで吊り上げられていった。女が連れ去られても、縄梯子はそのままになっていた。今となっては、べつに、あわてて逃げだしたりする必要はないのだ、と男は思った。

▽「ちゃんとした戸籍をもち、職業につき、税金もおさめていれば、医療保険証も持っている、一人前の人間を、まるで鼠か昆虫みたいに、わなにかけて捕らえるなどということが、許されていいものだろうか」——男が投げ込まれたのは、通常の社会の約束事がまったく通用しない世界、外の「正常な」世界とは途絶した世界である。ここでは、戸籍も職業も通用しない。妻から失踪届が出されるが、捜査は砂の世界まで及ぶことなく、男は「失踪者」と認定される。

▽「けっきょく世界は砂みたいなものじゃないか……砂ってやつは、静止している状態じゃ、なかなかその本質はつかめない……砂が流動しているのではなく、実は流動そのものが砂なのだ」——この小説は、砂についての考察でもある。砂が木材を腐食することや、皮膚をただれさせること、大風で一晩に数メートルも積もることなどが記されているが、とくに興味深いのは、砂とは「定着の拒絶」であり、「流動という状態がそのまま、存在である世界」であるといった指摘である。人間の生そのものを暗示するかのようである。

▽「たしかに労働には、行先の当てなしにでも、なお逃げ去っていく時間を耐えさせる、人間のよりどころのようなものがあるようだ」——人間をもっとも苦しめるのは、無為

である。毎日の砂掻きのほか、洗濯などの家事も男の日課となり、そこに「あるさやかな充足を感じ」るようになっていた。

▽**「このまま暮らしていって、それでどうなるんだと思うのが、一番たまらないんだな……どの生活だろうと、そんなこと、分りっこないに決まっているんだけどね……まあ、すこしでも、気をまぎらせてくれるものの多い方が、なんとなく、いいような気がしてしまうんだ……」**――人間には、労働のほかに「気をまぎらせてくれるもの」が必要である。男は、何か植木鉢でも買おうかという気持ちになる。身のまわりを何か飾りたいと思う気持ちは、そこに定住してもいいという心境のあらわれである。

▽**「ある日、男は裏の空地に、鴉《からす》をとらえるための罠《わな》をしかけてみた。それを《希望》と名ずけることにした」**――鴉の脚に手紙を結びつけて……という《希望》である。砂を掘ってつくった罠の底に水がたまっているのを発見して、男は狂喜する。砂掻きと交換に支給される水を自前で確保する可能性が開けたのである。この溜水《りゅうすい》装置の研究が日課に加えられ、自由への道が開かれても、これを女や村人に話してから、逃げてもいいだろうと考える。男が砂の中から「もう一人の自分」、新しい自分を拾い出したのである。

編者からひとこと　社会全体が砂の穴だとしたらどうだろうか。はじめは、こんな所には生きていけないと誰しも思うであろう。しかし、やがては順応するのではなかろうか。

[文献案内]　安部公房『砂の女』(新潮文庫)。

今もなおつづく「無責任の体系」を分析

「現代政治の思想と行動」

丸山眞男

著者と作品紹介

政治学者の丸山眞男《まるやままさお》（一九一四―九六）は、大阪に生まれ、東京大学法学部政治学科を卒業後、同大学法学部助教授（後に同教授）となるが、軍隊に召集され、終戦を迎えた広島市宇品で被爆。日本政治思想史の研究ですぐれた業績を残し、政治学の分野にとどまらず、日本の思想界全般に大きな影響を与え、欧米でも高く評価されている。『現代政治の思想と行動』（一九五七。増補版一九六四）には、天皇を頂点とする、縦の究極的価値への直属性の意識を解明した「超国家主義の論理と心理」、東京裁判での記録などから「無責任の体系」を抉《えぐ》り出した「軍国支配者の精神形態」など、一九四六年から十数年間にわたる論文がおさめられている。ほかに『日本政治思想史研究』『日本の思想』などがある。

要約

責任を認めない軍国支配者たち

東京裁判の最終論告で、キーナン検察官は、「元首相、閣僚、軍人など二十五人の被告のすべての者から、我々は一つの共通した答弁を聴きました。それはすなわち、彼らの中の唯一人としてこの戦争を惹起することを欲しなかったというのであります」と述べている。戦犯を含め、支配層一般が、今度の戦争において主体的責任意識に稀薄だということは、恥知らずの狡猾とか、浅ましい保身術とかいった個人道徳に帰すべくにはあまりに根深い原因をもっている。それはいわば個人の堕落の問題ではなく、「体制」そのもののデカダンスの象徴なのである。

被告の千差万別の自己弁解をえり分けて行くと、そこに二つの大きな論理的鉱脈に行きつく。一つは、既成事実への屈服、つまり、既に現実が形成せられたということが、それを結局において是認する根拠となることである。ほとんどすべての被告の答弁に共通するのは、既にきまった政策には従わざるをえなかったという論拠である。自ら現実を作り出すのに寄与しながら、現実が作り出されると、今度は大衆の世論によりかかろうとする。現実はつねに未来への主体的形成としてではなく、過去から流れてきた必然性として捉えられ、それでは国民がおさまらない、ということが有力な論拠とされ、これが飛躍して、「英霊」がおさまらないというところまで行く。過去への繋縛の極みである。

戦犯たちが自己の無責任を主張する第二の根拠は、権限への逃避、つまり、訴追されて事項が官制上の権限の範囲には属さないということである。たとえば、軍政系統の陸海軍大臣—次官—軍務局という系列と、作戦用兵を司る参謀総長—次長—軍司令部という系列がたがいに責任をなすり合い、結局、責任主体が宙に浮いてしまうことになる。

ほぼ以上のごときが、日本ファシズム支配の厖大《ぼうだい》なる「無責任の体系」の素描である。

（「軍国支配者の精神形態」）

人間の自由をふみにじる政治権力

政治の予想する人間像は、昔からあまり美しくないことに相場がきまっている。政治的なものに真正面から取り組んだ思想家、東洋では荀子《じゅんし》や韓非子《かんぴし》、ヨーロッパではマキアヴエリやホッブスはいずれも性悪論者であった。性悪というのは、正確な表現ではなく、人間が問題的な存在だということにほかならない。効果的に人間を支配し、組織化することが政治の生命であるとすれば、その対象たる人間を「取扱注意」品として、これにアプローチしてゆくのは当然である。性悪というのは、この取扱注意の赤札である。

権力者は昔から政治的支配にさまざまな粉飾を施すことによって、被治者の内面にできるだけ奥深く入り込もうとした。力で支配しているということはなるべく出さず、その成員から、できるだけ多くの自発的賛同を調達しようとするのである。アメリカの政治学者メリアムは、被治者の心性への共感を呼び起すための手段をマイランダ（miranda）と呼んでいる。国家の行ういろいろな儀式、あるいは祝祭日とか国旗といった要素は、政治支配者にとって重要なマイランダを形成している。

デモクラシー国家においても、大衆は巨大な宣伝および報道機関の氾濫によって、無意識のうちにある一定のものの考え方の規制を受けているのである。この洪水のような宣伝網の中にあって、ほんとうに自由に自主的に考えるということは困難になる。いかなる政治権力も、それが政治権力であるかぎり、人間の良心の自由な判断をふみにじる危険性から全く免れてはいないのである。権力的強制が人間社会から廃棄され、万人が己れの内面的個性を存分に伸展しうる世界が来るか、それともA・ハックスリーが「みごとな新世界」で描いたような、人間が完全に機械化された社会の部品になるような社会がおとずれるか、それは神のみが知る。

（「人間と政治」）

読みどころと名言

▽「（戦犯らの）権力的支配は心理的には強い自我意識に基づくものではなく、むしろ、国家権力との合一化、……究極的価値たる天皇への相対的な近接の意識なのである。この究極的実体への近接度ということこそが、個々の権力的支配だけでなく、全国家機構を運転せしめている精神的起動力にほかならぬ」――戦前の日本を動かしていたのは、このような「縦の究極的価値への直属性の意識」であり、主体的責任意識の欠如もここに起因する。

▽「抑圧の移譲による精神的均衡の保持とでもいうべき現象が発生する。上からの圧迫感を下への恣意の発揮によって順次に移譲して行く事によって全体のバランスが維持されている体系である」――これこそ、近代日本が封建社会から受け継いだ最大の「遺産」であり、日本の国家秩序に隅々まで内在している運動法則だと、著者は言っている。抑圧の移譲、俗にいえば、部下ないし弱者への鬱憤晴らしは、昔は軍隊で、現在では会社をはじめいたるところで見かけるようになった。「いじめ」なども一例である。

▽「東京裁判の被告や多くの証人の答弁は一様にうなぎのようにぬらくらし、霞のように曖昧である」――ナチス・ドイツの戦争犯罪を裁いたニュルンベルク裁判で、オーストリア併合について「余は百パーセント責任をとらねばならぬ」と答えたゲーリングな

どとは、実に対照的である。政治家などに顕著に見られる、質問にたいして明確に答えようとしない伝統は、戦前も戦後もほとんど変わっていないようだ。

▽**「現実とは本来一面において与えられたものであると同時に、他面で日々造られて行くものなのですが、ふつう〈現実〉というときはもっぱら前の契機だけが前面に出て現実のプラスティックな面は無視されます」**――日本では、現実とは既成事実に等しい。それは「現実だから仕方がない」という諦めを生む。その積み重ねで戦争がはじまり、それにたいして誰も責任を自覚しなかった。

▽**「現代においてひとは世間の出来事にひどく敏感であり、それに〈気をとられ〉ながら、同時にそれはどこまでも〈よそ事〉なのである」**――一九六一年に書かれたこの文章は、マスコミ情報の氾濫する現在にまさにあてはまる。ヒトラーがドイツを支配するようになった一因は、知識層が政治を「よそ事」と見なし、無関心を装ったことにあった。多くの人は責任回避のために、無関心のポーズをとるものである。政治家はそこにつけいる。

編者からひとこと 「学者が政治的現実についてなんらかの理論を構成すること自体が一つの政治的実践にほかならぬ」と述べる著者は、戦後間もなく「平和問題談話会」の設立に参加したり、六十年安保では民主主義の危機にたいして人びとに行動を呼びかけたり、旧ソ連のチェコ介入を非難したり、現実の政治にも「主体的に参与」した。

[文献案内] 丸山眞男『〔新装版〕現代政治の思想と行動』(未来社)。『丸山眞男集』(岩波書店)。

明治はこんな時代だった

「ある心の自叙伝」

長谷川如是閑

著者と作品紹介

ジャーナリストで思想家の長谷川如是閑《はせがわによぜかん》（一八七五―一九六九）は、東京に材木商の子として生まれ、幼年時代を浅草で過ごし、坪内逍遥《つぼうちしようよう》や中村正直の塾で学んだ後、東京法学院（中央大学の前身）を卒業し、日本新聞社に入社。その後、大阪朝日新聞社に移り、「天声人語」を執筆し、論説担当者として「大正デモクラシー」の論客となり、小説も連載するなど、多彩な活動を展開した。筆禍事件で退社後、雑誌「批判」でファシズムに抵抗する啓蒙活動を行った。戦後、貴族院勅撰議員として新憲法の制定に参加し、一九四八年文化勲章を受章。日本新聞社時代の二十代末までを記した自伝『ある心の自叙伝』(一九五〇)には、明治時代のさまざまな姿が活きいきと描かれている。ほかに『日本ファシズム批判』などがある。

要約

本郷もかねやすまでは江戸のうち

封建時代の古い体制が崩れて、家も社会も教育の「場」ではなくなり、親も親方もいかに近代人を育てていいのか見当がつかなくなって、むしろよろしく国家まかせにするほかはないことになった明治時代の前半期、都会には、他家の子弟を預かった「家」に代る「家塾」というものが散在していた。私は十歳の時、坪内逍遥先生の塾に入れられた。塾は本郷区真砂町十八番地にあった。江戸時代の川柳に「本郷もかねやすまでは江戸のうち」という川柳があるが、その兼康という小間物屋が近くにあって、封建時代そのままの店構えで、川柳の通り、その先は田舎じみた家並みの昔の宿場町がみられた。私の幼いころの記憶を辿ると、この川柳が、文字通りうなずかれるのであった。兼康の並びに江戸時代からの鰻《うなぎ》屋があって、お寺詣りの帰りに祖母につれられて、そこで鰻を食べたが、客をみて鰻を割くので、おそろしく長く待たされて、ようやく火を煽ぐ団扇の音がきこえだすが、それが一種のリズムをもって、高くひくくひびくので、鰻のにおいよりも、その音に食欲をそそられたことをおぼえている。そのころは、魚屋が鰯を数えるのに、バリトン声で音楽的の調子で数を唱えたし、豆腐売りの呼び声はバスだが、やはり声楽的で、やがて売り子に声楽家が得られなくなって、無風流な喇叭《らっぱ》に代えられてしまった。夜の「鍋焼き饂飩《うどん》」も、その長く引いた呼び声によって食欲をそそった。食べ物ばかりではない。江戸名物の一つ、初夏の街の新内張りの苗売りの呼び声は、どうかすると今もきかれる。「淡路島通う千鳥の恋の辻占」という艶声は高山樗牛《ちょぎゅう》の美感に触れ、鼻にかかった「按摩上下五百文」さえ、ラフカジオ・ハーンの詩情をそそったのである。

私の子供のころの東京は、殊に場末だった本郷辺は、このような街の音楽にぴったり合った環境が、ところまだらに残されていたので、眼をつぶって子供のころの記憶を辿ると、それらが幻のように浮んでくるのである。

「文明批評家」をめざす

明治三十六年、二十八歳のとき、編集長の「いよいよ君に社に来てもらうことになった」というひと言で、日本新聞社への入社がきまった。当時は入社試験などというものはなかった。新聞記者になるのが、少年時代からの私の望みであった。福沢諭吉や陸羯南《くがかつなん》、三宅雪嶺、徳富蘇峰、志賀重昂《しげたか》など、深い思想をもったジャーナリストを遠くから眺めて、ああいう人びとのようになってみたいものだと思っていた。そのころ、その人たちを呼ぶのに「文明批評家」という言葉を造語して、自分もその文明批評家になりたいと思っていた。

日本新聞社の建物は、明治初年にできた、青ペンキ塗りの木造の「洋館」と呼ばれていた西洋建築だった。すでにエジソンのカーボン線電球が普及していたが、照明はすべてガスで、それも最も原始的な扇子状の平たい裸火《はだかび》の燃えているのだったが、それがいかにもこの「洋館」にマッチしていた。記者たちは、部屋の中央の卓子《たくし》を囲んで、めいめい硯箱《すずり》を置いて、毛筆で原稿を書いていた。

論説が中心の新聞で、全部ルビなし、小説も講談もなく、社会面などは無論ない、当時においてはほとんど唯一の古典的形式だった。明治三十年代までは、どの新聞にも漢詩欄があった。そのころ「詩」といえば漢詩のことで、今いう詩は「新体詩」という名で呼ばれていた。当時の新聞社は、主義主張を同じくする同志の集まりだったので、先輩後輩の別はあっても、職制上の階級なんぞは考えられず、「社長」などという言葉を使うものはなく、「さん」づけで呼び合っていた。社長の陸羯南は、漢詩もつくり、和歌もよむ文化人で、政治学の著書もある学者だった。子供のころからその名に親しんでいた、その人に始めて接して、久しく別れていたおじさんか何かに出会ったような、なつかしさを感じて、それだけで「日本」の記者になった幸福をさえ感じたのだった。

▽「日本の実体としての国家社会は、外貌こそ変わっていても、その核心は封建性そのものであった。あらゆる文明の諸機関は、その心の髄の封建性に支配されて、封建制的構成をもって発達して、軍国的の国家目的の道具にされてしまったのである」——大正デモクラシーは、このような封建制との戦いであったが、やがて反動の時代がやってくる。一貫して大正デモクラシーの精神をもちつづけた著者は、戦後、リベラリストとして高く評価された。

▽「都会の女でまったくの無芸というのは、徳川時代には珍しいことで、私の子供のころまでは、女の子のいる家から、琴三味線の音の洩れないことはなく、棟割長屋からも稽古三味線の音が聞こえたものだ」——著者は「私の母は、父の晩酌の相手をしながら、たまには三味線の音をさせたこともあった」と記している。戦後もしばらくのあいだ、上流の家庭では娘に琴を習わせることが多かったようだ。それがやがてピアノに変わった。

▽「昔は町ごとに木戸があって、子供が寺子屋にゆくのに幾つかの木戸を通る場合、家のものは自分の町内の木戸まで子供を送って、そこから次の町内のものに頼んで送ってもらって、途中からずらかるのを防いだ」——これを「町内送り」といった。学校嫌いな子供はこうして、半ば強制的に通学させせられた。いつもどこかで「社会の目」が注がれていた。

▽「そのころはガラス戸の家などはまだ無かったころなので、日当りの縁先に布団を敷いて、一年余りを文字通り寝たり起きたりして暮らした」――二十代のはじめ（明治三十年前後）、著者は肋膜炎から肺尖になり、医者から絶対安静を命じられ、「病気が治っても、三十までもてば儲けもの」と言われた（実際は九十歳をこえる長寿）。一般家庭にガラス戸が普及するのは、昭和のはじめになってからである。

▽「胃が弱かったので、子供のころは歩けといわれて、よく遠道を歩いた。中学時代に駒込から神田に通うのにも、全速力で歩いた」――たしかに昔の人、江戸時代までは別にして、少なくとも、戦前までの日本人はよく歩いた。駒込から神田まで、直線距離にして約五キロメートル。これくらいは都会の人も平気で歩いたようだ。

▽「その時分は、市中至るところに、借馬屋《しゃくば》があって、その馬場をいく廻りかして、五銭か十銭だったが、中学時代から乗っていた」――最近のリゾート地などに、乗馬を楽しむ施設を見かけるが、昔は、「借馬馬場」（借馬屋）といって、明治のはじめ、浅草寺や芝増上寺など東京に、十四か所あったという。そう言えば、戦後間もないころ、都内のあちらこちらに馬小屋があり、公道を木炭自動車と並んで馬が歩いていたものだった。

（編者からひとこと）　明治二十年代、東京・小石川の大曲（飯田橋の近く）で水泳の稽古をしていたという記述がある。昔の東京の川がいかにきれいだったかがよくわかる。

［文献案内］『長谷川如是閑――ある心の自叙伝』（日本図書センター）。

女工を虐げる工場制度を告発

「女工哀史」

細井和喜蔵

著者と作品紹介

小説家の細井和喜蔵《ほそいわきぞう》（一八九七―一九二五）は、京都府に生まれ、尋常小学校を五年で中退し、織物工場をはじめとして仕事を転々とし、十九歳のとき、大阪に出て、紡績工場で織機の機械工として働くかたわら労働組合運動にかかわり、同時に、労働者の過酷な実態を小説に描くことを決意する。その四年後、上京し、亀戸にあった紡績工場にはいり、同じ職場の女性と結婚する。退職後、妻の収入で生活を支えながら、雑誌に短編小説やエッセイを発表し、紡績工場で働く女子労働者の実態を、妻と自らの見聞などを交えて書き上げたのが『女工哀史《じよこうあいし》』（一九二五）である。女工の募集から、労働条件、生活、心理と病理などが克明に描かれ、大きな反響をまきおこした。著者はこの本が刊行された翌月に死去した。

要約

うちが貧乏で十二の時に売られて来ましたこの会社

紡績工場で働く女工たちは、「うちが貧乏で十二の時に売られて来ましたこの会社」あるいは「こんな会社へ来るのじゃないが知らぬ募集人にだまされて」といった唄を口ずさむ。いずれも私が採録した「女工小唄」である。

日清戦争の頃までは女工の募集はそれほど困難ではなかったが、その後、工場が増え、また、故郷に帰った女工たちが工場での過酷な労働を訴えたりしたため、会社の方では人手を集めるために、さまざま手段を講じるようになった。日本の産業をささえる紡績業ではたらく工員数は、工場労働者としては第一位で、その八割は女工で占められている。その貴重な労働力を確保するために活躍するのが「募集人」である。会社は募集人から、女工一人幾何《いくばく》で買い取るのである。募集人は要するに女衒《ぜげん》であって、資本主義社会制度が資本家の手先なる彼に与えた邪道な人間性をもって怖るべき害悪を流しつつある。娘たちをはるばる工場へ連れて行く途中、その獣性の犠牲に供してしまうこともめずらしくない。ある地方などでは、赤ん坊が生まれると、男の子か女の子か訊きに行き、女の子なれば約束をとりつけるという。

入社の際には、必ず、三年間はたらきますといった誓約書を書かされる。この「年期」はだいたい三年である。途中退職者には、毎月の給料から日給一日分を天引きして積み立てさせた「保信金」を払い戻さないという工場もある。その工場では、職工約五百人のうち、毎年その一割五分が一年半で中途退社し、日給の平均を五十銭とみなして計算すると、二万二百五十円の金を横領したと推定される。また、会社にとって好ましくない工員には、辞職勧告を行い、これを拒否すると、会社はその工員を「黒表《こくひょう》（ブラックリスト）」にのせて、ほかの会社に就職できないように工作する。依願退職にすれば、解雇手当を支払わなくてすむからである。これが紡績工場における、職工解雇の常套手段である。

籠の鳥より監獄よりも、寄宿ずまいはなお辛い

およそ紡績工場くらい長時間労働を強いるところはない。だいたいにおいて十二時間制が原則となっている。昼夜交代で作業に従事し、一週間で入れ替わる。休憩時間は一交代時間内に三回あって、食事に三十分、他はそれぞれ十五分である。この十五分という休憩

はあまりに短く、ほとんど休憩がないも同様である。次の仕事の段取りとか台の掃除、工場からの出入りなどで、十五分は過ぎてしまう。それに多くの工場では、女工の休憩室というものがない。

寄宿舎における女工虐待の事実としては、外出の制限がある。外出は、成績の良好な者にかぎり、一か月に一遍位は許され、部屋長、世話婦、舎監と三人もの検印をもらって門衛所へ行き、ここで木札の門鑑と伝票を交換し、ようやく門を出るのだが、門限の午後十時を五分でも遅れて帰ろうものなら、たちまち刑罰として次の一か月間は閉門となる。出先で一泊となると、その部屋の女工全員が一か月間外出止めにされるのである。

女工寄宿舎は、いずれの工場でも、逃亡を防ぐためにひとつの城郭をなしている。八尺以上の煉瓦《れんが》壁の塀でかこまれ、その上に竹槍、硝子の破片、鉄条網で忍び返しがとりつけられている。寄宿舎には縁なしの琉球畳が敷かれ、一畳につきほぼ一人だが、昼夜交代で使用されることもあり、この場合、一畳につき二人となる。

女工の肺病は、職業故の呪詛《じゅそ》すべき病気である。女工の死亡率は、発病帰郷後の死亡者を含めると、千人につき二十三人と推定されている。一般の女子（十二歳より三十五歳まで）の千人につき七人とくらべると、三倍以上となる。我邦の紡績工業に従事する約七十二万人の女工の一万六千五百人が毎年死亡していることになる。そのうち工場在籍女工の四割、病気解雇帰郷者の七割は、結核ないしその疑いのある疾患で死んでいるのである。

▽**「木管を一本床の上へおとしたといってバケツに水を入れたのを持って立たせられ、なまけたと言っては庭箒《にわぼうき》を差しのべてこれまた一時間以上も直立させられた。そうして彼女の手が下がって行くのを見て、はたと主任は鞭打ったのであった」**――女工虐待の一例で、「木管」は糸を巻き取る管である。一九一六年に工場法が施行されて以後、このような例は少なくなったようだが、こんな小唄がある。「工場は地獄よ主任が鬼で廻る運転火の車」。

▽**「工場では強制的貯金が行われていて、保信金などを含め、その額は給料の約六割にもなり、その貯金は退社の際でなければ払い戻されない。これらの金は会社の金融に使われるのである」**――このほか親元への強制的な送金も天引きされ、実際に女工が手にするのはわずかな額になる。ある工場では、給料がいくらあっても、本人には五円しか渡さない例が記されている。外出制限のため、金を使う機会があまりないのは事実ではあるが。

▽**「棉織維に湿気を与えると強度を増し、作業が容易で能率が計れるというので、綿糸紡織工場では、噴口器《ノッズル》から間断なく水が吹き出し、細霧状となって空気に飽和して行くのだからたまらない。女工の着物や頭髪は年中しっとりしめっている」**――工場内は過酷極まりない環境である。夏は焦熱地獄で四十℃以上になる職場もある。最高度の雷鳴もわか

らないくらいのやかましさで、相手の耳に口をつけて大声で怒鳴らないと話が通じないため、女工の声は非常に高いのが普通である。それに、呼吸が苦しいほどの塵埃《じんあい》である。

▽**「関東大震災で、ある工場は、一たん逃げ出した女工を『お前の体は金を出して買ってあるのだから自由な行動はとらせない。』とて、厳重な監視づきで倒壊工場の炎々と燃えあがる工場脇の空地へ拘禁しておき、遂に避難時を失して延焼建物のため四方から挟み焼きにしてしまった事実がある」**——女工は外に出る自由を奪われた「籠の鳥」である。緊急避難設備のついていない工場もあり、非常口が設けられていても、数が少なく、しかも、閂《かんぬき》で閉ざされていることを、著者は指摘している。

▽**「女工は孝行娘である。半ばは強制的送金制度が手伝ってはいようが彼女たち十人のうち八人までは親のために働いているのだ」**——ある工場での女工の送金状況を調べたところ、給料の九割以上も親元に送っているという。これにつづけて著者はこう記している。「これだけでも、私はもう感心を通り越してしまう他はない。彼女たちの多くは、唯だもう親のために、文字通り身を捧げているのだ」と。

（編者からひとこと）　この本の出版二年後、著者が勤めていた東京モスリン亀戸工場でストライキが起こり、はじめて女工の外出の自由が認められた。同工場での女工にたいする抑圧のさまは『女工哀史』に実名入りで詳細に記されていて、説得力と迫力がある。

［文献案内］　細井和喜蔵『女工哀史』（岩波文庫）。

足尾銅山鉱毒事件で滅亡した村の記録

「谷中村滅亡史」

荒畑寒村

著者と作品紹介

社会主義運動家で評論家の荒畑寒村《あらはたかんそん》(一八八七―一九八一)は、横浜に生まれ、高等小学校卒業後、外国商会のボーイ、海軍造船工廠《こうしょう》の見習工として働きながら独学し、堺利彦、幸徳秋水の社会主義思想に共鳴し、横浜平民結社を創立、社会主義伝道行商を行う。日本共産党の創立に参加したが、後に考えの違いから離党。戦後、日本社会党結成に参加し、衆議院議員に二回当選。日本の「公害の原点」とされる足尾銅山鉱毒事件は、煙害と精錬用木材の乱伐によって山林の荒廃を招き、渡良瀬川流域に大洪水を頻発させたが、政府は鉱毒問題を治水問題にすり替え、下流の谷中村（現在の栃木県下都賀郡藤岡町）に遊水地を設け、村は滅亡した。その経過を記録したのが『谷中村《やなかむら》滅亡史』（一九〇七）である。

要約

鉱毒のために荒廃した山と川と農地

慶長年間に発見され、徳川の直轄となっていた足尾銅山は、明治十（一八七七）年、古河市兵衛に払い下げされ、古河は巨万の資本を投じ、規模を拡大したが、これにともなう鉱毒予防の措置を講ぜず、また、監督する政府も何ら顧慮するところがなかった。多量の毒素を含む廃石や鉱屑《こうせつ》は渓谷に棄てられ、渓谷が埋め尽くされるや、会社はこれを渡良瀬川に投入した。銅の精錬に必要な薪として付近の山林は乱伐され、銅山より噴き出す毒煙のために老樹古木鬱蒼たりし山林は、たちまちにして禿山《はげやま》と化した。

一朝豪雨沛然《はいぜん》として到るや、数流の支流とともに水量増加してしばしば洪水をもたらし、渡良瀬川、利根川沿岸一帯の地を恐るべき鉱毒によって荒廃させた。渡良瀬川名物の鮎はその影を見せなくなり、明治十四年、栃木県知事は、渡良瀬川河流の魚類の販売および食用を禁じるに到った。地味の肥えた農地は荒れ、五穀は実らず、家畜は斃死《へいし》し、多くの人が病み斃《たお》れた。

栃木県選出の衆議院議員、田中正造は、明治二十四年、議会においてこの鉱毒問題について質問書を提出した。これにたいして、時の農商務大臣、陸奥宗光は、被害があるのは事実ではあるが、その原因は不明としたが、専門家の調査は「田圃被害の原因は、土質中に存する毒にして、その毒は足尾銅山にあり」と報告している。

その後も洪水が頻発し、農民は上京して鉱毒反対を政府に訴えたが、官憲の激しい弾圧を受け、多数の活動家が逮捕された。明治三十四年、田中正造は天皇に直訴したが、政府当局は、田中翁を「発狂者」と見なして、その訴えを無視した。

政府は、鉱毒問題を治水問題にすり替え、頻発する洪水を防ぐために、渡良瀬川が利根川に合流する地点の上流にある谷中村に遊水地をつくることをきめた。

最後まで残った十六戸の家が破壊される

明治四十（一九〇七）年一月、政府は栃木県にたいして、土地収用法の適用を認可した。かつては四百五十戸、人口二千七百人の村も、村民の半ば強制的な移住政策によって、いまや七十戸、四百人となっていた。警察署長は、「買収に応ずるか、拘留に処せらるるか、二者その一を選べ」と村民を脅迫した。

ああ、記憶せよ万邦《ばんぽう》の民、明治四十年六月二十九日、日本政府が谷中村を滅ぼした日を。

残留するは十六戸の村民百十六人。破壊隊二百余名は、午前八時、恵下野《えげの》の佐山梅吉方より着手し、家財道具は雷電神社に運搬し、次いで家屋を破壊した。梅吉は保安課長に「官吏は人民の家屋を破壊し、土地物件を没収するのが仕事か」と言って動かず、田中翁らの説得をうけ、妻子ともに堤の上から、住みなれた家の毀《こぼ》たれゆくさまを見まもっていた。佐山方の破壊終了後、小川長三郎、川島伊勢五郎らの居宅を破壊し、午後五時、破壊隊は藤岡町に引き揚げた。

翌三十日午前八時、破壊隊は茂呂《もろ》松左衛門方にいたる。同家は谷中村最古の家で、父祖伝来四百八十年の歴史を有し、現今の建物は百二十一年前の建築で、谷中村では珍しい大家である。松左衛門は父祖伝来の位牌を捧持《ほうじ》し、前庭に一枚の筵《むしろ》を敷き、一歩たりともここを動くまい、殺さば殺せと絶叫した。田中翁が涙ながらに諭し、事なきを得た。

こうして家が破壊される有様に、田中翁は、蓬髪《ほうはつ》をふり乱し、悲憤の形相凄まじく、「かかる無情なることをなす者は、必ずや村民の怨恨《えんこん》の祟《たた》る時あらん」と、人夫らを呪詛《じゅそ》すると、人夫らはみな恐れおののき、破壊の手をやすめた。

七月五日、日を費やすこと実に七日、ここにすべての破壊は終了した。鉱毒問題最後の運動地たる谷中村の滅亡は、政府は資本家の奴隷たるにすぎないことを教え、現代社会におけるすべての貧者弱者は、谷中村民と運命を同じくするものではなかろうか。

▽**「陸奥宗光の次子が、この問題当面の責任者なる、古河市兵衛の養嗣子にして、実に姻《いん》戚《せき》の関係あることを記せざるべからず」**――農商務大臣陸奥宗光の次男、潤吉は古河の養子であった。田中正造の質問書にたいして、「鉱業人（古河）」は予防の措置を準備中と陸奥は答えたが、これは言いのがれにすぎなかった。政府は鉱業人の代弁者なのかと非難された。古河市兵衛夫人は、鉱毒問題への抗議運動を苦にして、神田川に投身自殺した。

▽**「明治二十九年、時の農相榎本武揚《たけあき》は、渡良瀬川の毒水が、利根川に混じて江戸川に氾濫し、東京府に押し寄せて本所深川の両区を浸し、現に本所小梅なる榎本の邸内にも、鉱毒水の侵入したるを実見して、ほとんど狼狽したりしなり」**――洪水によって東京で鉱毒問題が広まるのを防ぐため、政府は、利根川から江戸川への分岐口の幅を二十六間から十四間に縮小したが、そのために利根川の流れが停滞、逆流し、分岐口の上流で洪水が頻発するようになった。その対策として案出されたのが、谷中村の遊水地化である。

▽**「茂呂忠造といふ青年あり。相応の財産を有し、熱心なる非買収派なりしが、県庁は早くもこれに目を附け、いかにかして買収せんと苦心し居たるが、三十八年より三十九年にかけて、酒色を以て誘惑し、遂にこれを買収し終われり」**――土地収用法の適用は最後の手段で、それまではさまざまな方法で村民を買収して、移住に同意させた。こ

の青年の場合、賭博や遊郭で身をもち崩し、家財を処分するように官吏らが巧みに工作したという。

▽**「明治十四年栃木県知事藤川為親氏が、渡良瀬河岸の魚類の斃死《へいし》を見て、初めて鉱毒問題の先鋒を為《な》すや、政府は実に鉱業主の利益のために、十六年藤川氏を島根県に追ひたりき」**――知事が公選されるようになったのは第二次世界大戦後のことで、それ以前は、知事は天皇に任命される官吏であり、国政事務の執行を責務とし、各省の事務について担当大臣の指揮監督を受けた。政府の意向に合わない知事はこのような処遇をうけた。

▽**「あゝ、翁の初めて第二議会に鉱毒問題を叫んでより、星霜移ること茲《ここ》に十有六年。この間実に一日《いちじつ》の如く、東奔西走ほとんど寝食を忘れたりき」**――田中正造（一八四一―一九一三）は現在の栃木県佐野市に生まれ、明治二十三年の第一回総選挙に当選し、翌年、足尾銅山鉱毒事件を議会でとりあげた以後、この問題に取り組むため、谷中村に移住し、その滅亡を見届け、その顚末を後世に伝えるよう荒畑寒村に依頼した。

（編者からひとこと）著者は『寒村自伝』に、取材のために谷中村を訪れ、田中翁から一書を著《あらわ》して社会に訴えんことを嘱望《しょくぼう》され、一気呵成《かせい》、この処女作を書上げたことを記している。しかし、処女作はその激しい政府批判のゆえに、即日発禁となり、葬られたが、戦後、復刻出版され、「公害の原点」を知るための必読書となっている。

［文献案内］荒畑寒村『谷中村滅亡史』（岩波文庫）。

昔はこんなふうに暮らしていた

「幕末百話」

篠田鉱造

著者と作品紹介

新聞記者、風俗研究家の篠田《しのだ》鉱造《こうぞう》（一八七一―一九六五）は、東京に生まれ、二十四歳で報知新聞社に入社し、明治三十五（一九〇二）年夏から、幕末を生きた古老たちの聞き書きを「夏の世物語」と題して新聞の一面に掲載した。これが好評を呼び、こんな面白い話があると、新聞社を訪ねてくる古老も少なくなかったという。その後、「冬の世物語」と改題されて連載が継続され、これらをまとめて出版されたのが『幕末百話』（一九〇五）である。古いところで文政十二（一八二九）年の江戸の大火から、安政の大地震、辻斬り、彰義隊の残党、大名や町人の生活、大奥の様子など、さまざまな話が当時の口調そのままに記され、社会の生きた姿を知る格好の読み物である。ほかに『明治百話』『幕末明治女百話』などがある。

要約

奥向《おくむき》はソレは質素なものでした

私の勤めました本町《ほんちょう》の店《たな》と申しては、大家ではありませぬが、相応に店を張って番頭の二、三人も居りましたが、奥向はソレは質素なものでした。当今のように贅沢で驕ったもんじゃアありません。当今はおかみさん達もヤレ歌舞伎だ、慈善演芸会だ、浅草だ、上野だとノベツ幕なしに出懸けるから、ダンダン鰻上《うなぎのぼ》りに贅沢にもなれば、口も奢《おご》って来ます。ところが昔はタマにお芝居へ往くとか、上野浅草のお花見という訳で、おかみさんから娘《じょう》さんの楽しみようったらありません。六、七日前から騒いで、前日は一晩寝られないくらいでした。

その代りに年中、奥で女中を指揮してよろず家内を取締って居られ、外出はお湯ぐらい。ソレも夜か夕方で、一軒の家《うち》でも奥と店とはキチンとしていて、朝、時を限って旦那は帳場へ勤《で》られる。そうして番頭を指図される。おかみさんは奥で裁縫の箱を出して、女中へ、惣菜の買入れから、雇人の洗濯物、ホコロビ、もしや虱《しらみ》でも湧いていやしないかまで注意をされます。一概に昔の婦人は柔弱《じゆうじやく》だなんぞ申されたものでない。

昔は質素でしたな。三日の日がお肴《さかな》で、その外はお芋の煮転《にっころ》ばし、蓮根や人参。で朝はお汁《つけ》。昼がお菜《かず》でした。鹿菜と油揚付で。晩と来たら香物《こうこ》でした。コレはモウ年中判で押したようなんです。といって働きが鈍いというじゃアなし、体が弱いという訳もありませんでした。

おかみさんにも実に英《えら》いのがあります。ソレは御屋敷奉公を勤めて下《さが》った娘さん。御祐筆まで務めたというのになると、字は勿論の事、読書、算術《そろばん》、和歌香花、なんでも出来る。才気も溢《あふ》るるまであり、品格のよいのは前へ出ると自然と頭が下りました。色が白くて化粧《みじまい》の好いこと、キチンとして扮装《なり》なんか崩しはしません。実に感心な方がありました。

献上御《お》松茸《まつだけ》の御用《ごよう》

上州大田《じようしゆうおおた》の金山《かなやま》、アスコが昔は公儀へ松茸《まつだけ》を献上する場所なんです。この松茸は御城の御膳所《ごぜんしよ》へ送り込み、将軍が召料《めしりよう》になるというほどの物ですが、ソレについては土地の心配一通《ひととおり》ではありません。ちょうど八月八日、松茸の出始める時節となると、誰も金山へ登ることができなくなるばかりか、土地の者は松茸も食べられません。松茸の匂いでもさせようものなら、スグ赤総《あかぶさ》の十手が入って来て、ソレこそ踏縛《ふんじば》られてしまう。

コノ松茸を宿々駅々《しゆくじゆくつぎつぎ》の問屋で受取って、一昼夜に大田の金山から江戸まで担ぎ込むんですが、御墨附封印《おすみつきふういん》という厳重さで、葵の御紋が添わり、大したもので、松茸なんと呼捨《よびすて》にもされない。「御松茸御用」と申したもので。問屋々々も何の刻に御松茸がお通りになるというので、人足を出し、いずれも肩を揃えて先の宿から来るのを待受け、スグ担ぎ出す趣向にしているんですが、フトした事で飛んだ間違いの起ったお話を申しましょうか。弥藤吾村《やとうごむら》の須戸《すど》という御百姓が人足に徴発されて、ヤニ煙管《きせる》をくわえて、煙草を呑んでいる途端に、御松茸が来たから、煙管を仕舞う間もなく、肩を出して担いだ。くわえていた煙管をチョイト松茸の荷へさしたのを忘れて、次の宿へ渡してしまい、御松茸はヤニ煙管を連れて御城へ乗り込む次第となったんでさ。

他の宿々でもチットも気がつかない。なぜと申せば、名主百姓代が立会って検《み》るけれど、封印を調べ、「御封印手摺無之《ごふういんてずれこれなし》」と記すだけで、煙管に気の注《つ》く人はありませんでした。御膳所へ担ぎ込む人足は板橋ですが、こちらも気がつかない。御城でヤニ煙管が見つかり、宿々の役人の御詮議となったんですが、ソレより先、弥藤吾村の須戸の爺さん、家に帰ってから煙管を抜こうとすると、ないからハッと思うと、御松茸へ挟んだ事に気がつき、蒼くなっていると、御詮議が厳しい風説《ふせつ》に、居ても起《た》ってもいられず、逐電しましたが、函根《はこね》で首を縊《くく》って死んだそうです。昔はこうした百姓泣せが多うござんした。

読みどころと名言

▽**「家は代々質屋で、お得意様は多く御旗本や御家人方で、ある旗本の御屋敷は、御家来が家根釘を拵《こしら》えていました。有名なもので、家根屋で知らんものはない」**——暇のあり余る江戸詰めの武士たちは、さまざまな内職をしていた。ここには、畳糸、釣り糸、籐細工、提灯、蠟燭の芯などがあげられている。草花の苗づくりなどもそのひとつである。

▽**「某家二十万石余の大名の御傍《おそば》を勤めましたから、殿様御寝《ぎょしん》より御目覚《おめざめ》までの態《さま》を申しましょう。……御枕元へは御大小《おだいしょう》、御煙草盆に御枕弁当《おまくらべんとう》というのを置きますが、真《まこと》に武士の余風はこの御枕弁当でございましょう」**——毎晩、ご飯と梅干がふたつ入っているだけの弁当を用意して休む。変事に備えたもので、何か起った時には、殿御自身がこれを持ち出すことになっているのだという。戦争に明け暮れた時代の名残であろう。

▽**「私は刀剣商で、日本魂《やまとだましい》といい、武士の魂という刀剣であって見れば、御代はどうなろうとも、この刀剣ばかりは廃《すた》るのなんのということはあるまい、コレ程堅い商売はないとばかり思って居たのが、御一新後廃刀となったのは、世も澆季《すえ》だと嘆きましたが、今日になって見ますと、反《かえ》ってありがたい御代で廃刀に限る」**——『幕末百話』には、辻斬りの話がいくつも記されている。その犠牲者の多くは町人である。この刀剣商は、「今から思うと、どうしてあんな恐い世間が渡れたものだと考えます」と述懐している。

▽「一風呂あびていると、町内の芋屋の長谷川というのが、いろんな話の末に〈今の公方《くぼう》様じゃァ納りませんや〉というから、〈そうですなァ〉と相槌を打ったんです。コレが探偵《おかつぴき》の耳へ入って入牢なんで」——公方様（徳川将軍）の悪口を言ったわけでもないのに、この男は、牢に入れられ、拷問まで受けたが、これに耐え、長谷川の自白で無罪になった。長谷川の方は死刑ないし牢死とのこと。幕府の監視体制の厳しさをうかがわせる。

▽「昔は江戸っ児《こ》が両国橋をば〈参千両〉というた。この橋の附近では一日参千両の商いがあった訳で、朝は両国青物市で千両、昼は同所広小路の見世物で千両、夜の千両は河の中の賑い（夏は涼船《すずみぶね》または茶屋小屋の収入《みいり》）」——夏は涼舟で川面が埋めつくされ、大名のお忍びなどもあって、実にすばらしい眺めだったという。両国橋の名は、武蔵と下総《しもうさ》の二国を結ぶところからつけられた。

編者からひとこと　当時の人びとの話しぶりが彷彿とするのが、この著書の面白さのひとつであるが、なかには難解なところもある。たとえば「……かの鰺切り包丁でグサと鈴木屋の横腹へ文部大臣を極込《きめこ》んじゃったんで、……大師亀というのが背後から忠臣蔵の本蔵を極める」。明治二十二年に刺殺された文部大臣森有礼《ありのり》、および、『仮名手本忠臣蔵』殿中刃傷の段で、塩谷判官《えんや》を後ろから抱き止めた加古川本蔵に縁《えん》のある表現である。

［文献案内］篠田鉱造『増補 幕末百話』（岩波文庫）。

元禄時代の世相さまざま

「鸚鵡籠中記」

朝日重章

著者と作品紹介

尾張藩士、朝日《あさひ》文左衛門《ぶんざえもん》重章《しげあき》(父親の名を襲名して定右衛門。一六七四―一七一八)は、百石の知行を受ける朝日家当主の子として名古屋に生まれ、父の隠居後、家督を継ぎ、御本丸番、御深井丸番、御普請役、御畳奉行、足軽頭を歴任。貞享元(一六八四)年八月二十九日から、亡くなる九か月前の享保二(一七一七)年十二月二十九日まで、十七年におよぶ元禄時代をはさんで、三十四年間、『鸚鵡籠中記《おうむろうちゆうき》』と題した日記を書きつづける。籠の中の鸚鵡に自分をなぞらえて、家庭の出来事、職務、友人との酒食の会合、何より好きな芝居見物、喧嘩殺人、不義密通、心中事件、地震や台風、富士山噴火などの自然災害、頻発する火事、奇怪な噂話などが好奇心ゆたかに記され、当時の社会を知る貴重な史料となっている。

要約

初出勤、子供の誕生、芝居見物、舟あそび

元禄八（一六九五）年一月　今朝よりはじめて御本丸の警備の勤務に出る。同役二人および足軽七人といっしょに、酒を飲みながら煮物たっぷりの弁当を食べる。午後四時前、御上洛の御座敷を見物する。その豪華さ、美しさは筆舌に尽くしがたい。そのほか金の鯱《しやちほこ》のある天守閣などを眺め、目を遊ばし、心を楽しませる。

三月　御慶《けい》（妻）、安産。女子ともに恙《つつが》なし。お祝いの客、大勢。

五月二十日　午後十一時ごろから、雷鳴とともに、前代未聞の大雨。伊勢で洪水、四日市では津波。家百軒ほど水没。死者多数。橋はすべて崩壊。

五月二十八日　午前十時すぎ、加藤平左衛門と言いあわせ、魚釣りに行くふりをして、釣竿をもって家を出る。途中で道具を預け、人形浄瑠璃を見に行く。浄瑠璃「都の富士」、

太夫は竹本義太夫《ぎだゆう》。中入り過ぎ、付舞台《つけぶたい》で三味線や歌をまじえ、碁盤人形のからくりが演じられる。午後五時、帰宅。両親は、芝居見物に行ったのではないかと疑いなじる。謝るが、きびしく叱られる。反省の念しきり。

七月　昨夜より風やまず、雨降る。午前八時すぎ、ようやく雨やむ。水野作兵衛の鉄砲の弟子になる。はじめて鉄砲を撃つ。

八月　帰路、源右衛門宅へ行き、酒を飲み酔う。夜になって帰る。家の門を入るとき、大腸はなはだ満ち、雪隠《せっちん》まで耐えず、中門の外で排泄。褌《ふんどし》を汚す。

九月　快晴。舟に乗り、熱田の海に浮ぶ。あまりに風がないため、網に魚がかからない。日暮れに熊沢丹左宅に寄り、湯漬けを食べ、酒を飲む。午後八時、帰宅。

十月　最近、江戸の中野に犬屋敷がたくさん作られ、毎日二万人も作業とのこと。

十二月　米屋の理左衛門に命じて、米十三石売り払う。母と慶に金貨一枚ずつ渡す。

花火見物、宝永大地震、富士山噴火、風邪の流行

宝永三（一七〇六）年八月　大池の花火で大勢の人出。堤の上に囲いをして、足の踏み場もないほど人が集まり、弁当や敷物を用意して見物。敷物一枚十銭で貸し、酒や餅などを売る。花火は種々の工夫をこらし、大池に張り渡した綱《つな》の上を娘道成寺の人形が走る綱火《びび》あり。花火が上がるたびに、雷鳴のような歓声。近くの知り合いの家の屋根から見物す

る者も多数。今夜はにわかに大雨が降り出し、大混乱。近くの畑は踏み荒らされる。
宝永四年十月四日　法事で高岳院へ詣で、書院にて食事中、酒が一回りした午後一時頃、東北より鳴り轟き、地震。しだいに強くなり、座中のもの皆、庭へ飛び降りる。大木はざざめき、大風のごとく、大地震動して歩行困難。石塔の倒れる音。地震はようやくおさまり、急ぎ帰宅し、両親ならびに家内の安否をたしかめ、御城へ。御破損甚大。門は残らず倒れ落ちて微塵となる。今夜より御城代御足軽寝ずの番。諸所で壁が崩れ、瓦が落ちる。しかし、石垣は一か所も損傷なし。池に近い場所では、地裂け、泥水湧き出で、地面が五、六寸沈み、家が倒壊。たびたび揺れ、翌朝まで六十度をかぞえる。熱田では津波が押し寄せ、知多では高波で多くの家が潰れたとのこと。
十一月二十三日　午後九時頃、大きな雷鳴。すこし揺れる。小田原にいた人の話では、一晩中雷のような音が響き、富士山に火柱が見え、焼けた石がたくさん飛んできたとのこと。江戸では、石臼を転がすようにごろごろどろどろと鳴り響き、黒雲で覆われ、夜のように暗くなり、灰や砂が降ったという。笠をかぶって道を歩く。
十一月二十四日　黒雲上り、砂が降る。終日、震動やまず。富士山の中腹より煙。
十二月　風邪がはなはだ流行する。どの家でも、三人あるいは五人、あるいは家中残らず風邪を引き、しかも、平生の感冒にあらず、はやりやまいの類。天地不穏の気によって一面に感染したものか。薬屋では、来年四月頃まで売るはずの薬が売り切れとのこと。

▽**「夜、余が所にて雉子《きじ》一羽・鴨一羽を煮て食う。美味胃腸に充つ」**――この日記には飲食の記事が多く、当時の食生活を知ることができる。動物性たんぱく質としては、魚類のほかに頻繁に登場するのが、各種の鳥類で、雉《きじ》、鴨のほか、鳩、鶴、雁《がん》などの名が見える。

▽**「辰半過ぎ、信行院近所より出火、甚だ広大に及び丑九刻消ゆ。……猛火虚空に湧き百千万の雷の如し。予始めてかくの如き大事を見る」**――火事は江戸の名物などと言われたが、名古屋でも頻発する火事騒ぎが報告されている。中でも最大は、元禄十三（一七〇〇）年二月の大火である。午前九時に出火、翌日の午前一時に鎮火し、千六百軒以上の家屋が焼失したと記されている。この火事で焼け出された町人に、家の間口一間につき、一分（一両の四分の一）の金子《きんす》が下されたとの記載がある。

▽**「津守様江戸御屋敷へ盗賊奉行の支配とて一人来たり水桶を改め、かつ明日中に玄関に大桶を二つすえたまえという。もし急にて出来がたくば、この方にて拵《こしら》え置きしを間に合わさん。一つの桶代十両ずつという。津侯不審に思し召し、酒食などを御出し、その内に盗賊奉行徳山五兵衛方へ聞きに遣わさる」**――大名相手の詐欺である。問い合わせた奉行から、それはにせ奉行である、捕らえるようにと言われた津藩の殿様は、こ

の詐欺師を縛り上げて突き出した。いつの時代にも詐欺の種は尽きないようだ。

▽**「正木九左衛門ならびに女房げん共に町を引き廻し、磔《はりつけ》なり。……五鑓《やり》にてようやく死す。磔木の価、天下定まりて六匁五分という」**——不義密通および窃盗の罪でふたりが処せられた磔の刑は、木の柱に縛りつけた処刑者を左右から槍で突き刺して死に到らしめるというもので、公開で行われる。著者はその回数をかぞえ、磔木の値段まで記す。銀の量目の単位である匁《もんめ》は一両の六十分の一にあたり、一両で一石三斗（約百九十五キロ）という当時の米の相場から、六匁五分（約九分の一両）は、約二十一キロの米に相当する。

▽**「（臨終の母は）御苦しき内、他事なき内にも、余に酒をのむなとの給う事両度」**——母親の最期を看取る記事の一節である。息子の飲酒癖がよほど気がかりだったのであろう。日記には、酒を飲みすぎて「吐逆」したことがしばしば記されている。城内での勤務中の飲酒は許されていた。死の前年、体調を崩した著者は「余、先妣《せんぴ》（亡母）の遺誡を背くこと、胸をたたいて蒼天に哭《こく》するばかり、吁々《ああ》。とかく酒をとどめんとす」と記す。

編者からひとこと　子供が狼に食い殺された記事がいくつかある。元禄時代、信濃や尾張の山間地では狼が生息していたのである。日本では明治三十八年に絶滅したという。

［文献案内］日記の全文は「名古屋叢書続編　第九―十二巻」（名古屋市教育委員会発行。絶版）として刊行され、朝日重章著・塚本学編注『摘録　鸚鵡籠中記』（岩波文庫）にその約二割が収録されている。ほかに加賀樹芝朗『元禄下級武士の生活』（雄山閣）に抄録。

詩人の心に映し出された平安の世

「土佐日記」

紀貫之

著者と作品紹介

歌人の紀貫之《きのつらゆき》（八七〇頃—九四五）は、平安朝の役人として、図書の整理や歌集の編纂にたずさわる内御書所預《うちのおんふみのところのあずかり》を務めていたが、延長八（九三〇）年、土佐守《とさのかみ》に任ぜられた。四年あまりの任務を終えて、故郷の京の都まで帰る途中の出来事や感想などを記したのが、日本における最初の日記文学とされる『土佐日記』である。任地を出発した承平四（九三四）年十二月二十一日から翌年二月十六日の帰宅までの五十五日間の記録で、現在の高知市大津から室戸岬をまわり、四国の南東岸に沿って進み、鳴門海峡をわたって大阪まで海路を辿り、淀川をのぼって京都に向った。船に乗り合わせた人びとの言動などを通して、平安の世の一端がうかがえる。『古今和歌集』の選者で、百二首入集。三十六歌仙の一人である。

要約

亡きわが子への思いを心に秘めて

十二月二十一日　後任の国司への事務の引き継ぎなどをすべて済ませ、四年あまり住みなれた館をあとにして、船に乗ることになっている場所へ行く。知っている人も、知らない人も、見送りをしてくれる。別れを惜しんであれこれ騒いでいるうちに夜が更けた。

二十七日　大津より漕ぎ出でる。京で生まれた女の子が、土佐の国で急に亡くなった悲しみが胸に迫る。京へ帰るのに、わが子がいないのがなんとも心残りだ。それを察してか、ある人が「みやこへと思ふをものの悲しきは帰らぬ人のあればなりけり」と歌を詠んだ。

一月九日　大湊を出発。せめて国境までと、ここまで見送りについてきてくれた人たちの厚意にはこの海よりも深いものがある。松原を通り過ぎる。幾千年経ているのかわからないたくさんの松の根元に波が打ち寄せ、枝ごとに鶴が飛びまわっている。この美しい風景を眺めてすすむうちに、山も海も暮れ、夜がふけ、女は心細さに声をあげて泣き出す。

十一日　夜明け前に船を出す。昼すぎ、羽根《はね》という所に来ると、幼い子が「羽根という所は、鳥の羽のようなかっこうなの」と言う。これを聞いて、女の子が、「まことにて名に聞くところ羽根ならば飛ぶがごとくに都へもがな」と歌を詠んだ。うまい歌ではないが、みんなの心をみごとに言い当てている。

二十九日　日はうららかに、船は進む。爪がたいそう長く伸びたので、日を数えると、今日は子《ね》の日なので、切らないことにした。爪は丑《うし》の日に切るものとされている。

三十日「海賊は、夜あるきしない」と聞いて、夜中に船を出して、鳴門海峡を渡る。夜中なので、西も東もわからず、男も女も必死に神仏に祈って、この海峡を渡り、和泉の灘《なだ》というところに着いた。船に乗った日からかぞえると、今日で三十九日にもなる。もうここまで来れば、海賊の心配もない。

帰ってみれば荒れはてたわが家

二月二日　雨風やまず、一日中、夜も昼も、神仏に祈る。

四日　船頭が「今日も風や雲のようすがだいぶ悪い」と言って、船を出さない。しかし、一日中、波風はたたない。この船頭は、天候を見定めることもできないばかものだ。

六日　難波《なにわ》に着いて、淀川の河口にはいる。みんな、都が近くなったというので大喜び。

船酔いで伏していた老女が船底から頭をあげて、「いつしかといぶせかりつる難波潟葦漕《なにわがたあし》ぎ退《そ》けて御船《みふね》来にけり」と詠んだ。船酔いのお顔には似合わぬよい歌である。

九日　陸から船を引っ張りながら河を上《のぼ》っていくと、渚《なぎさ》の院が見えてきた。故在原《こありはら》の業平《なりひら》の中将が「世の中に絶えて桜の咲かざらば春のこころはのどけからまし」と詠んだ有名な場所である。船中の人びとも、都に近づく喜びを歌に詠みながら、上って行った。

十五日　京へ取りにやった車が来る。鬱陶しい船から解放され、ある人の家に招かれ、歓待を受ける。

十六日　夕方、京へのぼる。途中、山崎の町で目についた小さな箱を描いた絵看板も釣具屋の大きな釣針の看板も、昔と変わらないが、「売っている人の心はどうだかわからない」とも言う。島坂でもてなしてくれる人がいた。見ず知らずの人なのに、珍しいことだ。京を立ったときよりも、帰ってきた時のほうが、親切にしてくれるもののようだ。

夜になってから京にはいるつもりなので、別に急ぎもしないうちに、月が出た。月明かりで桂川を渡る。夜がふけて様子はよくわからないが、京の町に歩を進める嬉しさ。家に着いて、門をはいると、月明かりにその様子がよく見える。かねて噂に聞いていたよりもはるかにひどく壊れいたんでいる。家を預けておいた人の心もこの家のように荒れすさんでいたのだ。庭の松も半分はなくなり、新しく生えたものがまじっている。悲しいことばかりだが、この家で生まれた娘といっしょに帰れなかったことが、いっそう悲しさを増す。

読みどころと名言

▽**「男《をとこ》もすなる日記といふものを、女《をむな》もしてみむとてするなり」**——男が書くものとなっているらしい日記というものを、女の私もやってみようと思って、書くのです、という冒頭の文章である。公的にも私的にも、日記というものは漢文で事実のみを記述するものとされていたが、著者は筆者を女性に見せかけて、任地からの帰郷を題材に文学性ゆたかな日記を書いた。全編約一万二千五百字のうち漢字はわずか六十二である。ここでは、読みやすさを考慮して、漢字まじりで表記した。微妙なニュアンスを表現できるところに、かな文字表記の利点があることを、この日記は示している。

▽**「藤原のときざね、船路《ふなじ》なれど、馬《むま》のはなむけす」**——「はなむけ」は、漢字で書けば、「餞」あるいは「贐」で、旅立つ人に贈る金品（餞別《せんべつ》）の意味であるが、もともとは、旅人の乗る馬の鼻先をめざす方向に向けることに由来する言葉である。海路なのに馬の餞をしたというしゃれであるが、実際に、旅立ちの儀式として馬の鼻向けをしたという説もある。藤原のときざねという人物については不明。貫之が親しくした貴族であろう。

▽**「年九つばかりなる男《を》の童《わらは》、齢《とし》よりは幼くぞある」**。この童、**船を漕ぐまに〳〵、山も行くと見ゆるを見て、あやしきこと、歌をぞ詠める**。その歌、**〈漕ぎゆく船にて見ればあしひきの山さへゆくを松は知らずや〉とぞいへる**。幼き童の言《こと》にては、**似つかはし」**

——五十五日間の日記に五十七首の歌が収められている。そのほとんどは貫之の作と言われているが、こんな歌を詠んだ子供がいたのかもしれない。このようなエピソードが不自然に思えないほど、歌は当時の人びとの共通の楽しみであり、退屈しのぎの手段だった。

▽**「（海が荒れるので、船頭は）たゞひとつある鏡を奉《たいまつ》るとて、海にうち嵌《は》めつれば、口惜し。されば、うちつけに、海は鏡の面のごとなりぬれば……」**——海が荒れると幣《ぬさ》を手向けるが、それでも静まらないので、鏡を海に投げ入れたら、おさまったというのである。唯一の貴重な鏡を失って、さぞ残念なことだったろう。海の神も船頭と同じように欲張りだと言外に言っている。必死に神仏に祈る当時の人びとの心情がうかがえる一例である。

▽**「この人の家、喜べるやうにて、饗応《あるじ》したり。この主人《あるじ》の、また饗応のよきをみるに、うたて思ほゆ。いろ〳〵に返《かえ》り事《ごと》す。家の人の出《い》で入《い》り、憎げならず、ゐやゝかなり」**——ある人からもてなしを受けたが、何か下心があるようでいやな気がしたものの、その立居振舞は感じがよく礼儀正しいという、この一文から、富を蓄えて帰任する国司が少なくないこと、それにたかる者がいたことがわかる。貫之は廉直で知られた人物だったという。

編者からひとこと　この日記から、十世紀の日本人が日常的にいかに歌を愛し、また、神仏を大事にしていたかという、このふたつのことを編者は再認識した。

［文献案内］三谷榮一訳注『土佐日記』（角川ソフィア文庫）、鈴木知太郎校注『土佐日記』（岩波文庫）。

4　歴史を知るために

日本の古代国家は騎馬民族による征服で生まれた

「騎馬民族国家」

江上波夫

著者と作品紹介

東洋史学者、考古学者の江上波夫《えがみなみお》（一九〇六―二〇〇二）は、山口県に生まれ、東京大学東洋史学科を卒業し、中国東北部および内蒙古などの騎馬民族について研究を行う。戦後、東京大学東洋文化研究所教授、同所長を、退官後は、古代オリエント博物館館長を務め、一九九一年、文化勲章を受章。一九四八年、日本の古代国家は、東北アジアの騎馬民族が朝鮮半島から北九州を経由して侵攻し、日本を征服したことによって生まれたという、画期的な説を提起した。これを一般向けにまとめたものが『騎馬民族国家』(一九六七)で、四世紀後半を境にして古墳時代の文化が根本的に変化し、それ以後に見られるようになった武器や馬具などの副葬品や、天孫降臨の神話は騎馬民族特有のものであることなどをその論拠とした。

要約

騎馬民族と共通するものが古墳時代後期に出現

日本で、弥生式時代につづいたのが古墳時代であるが、この時代に日本は大和朝廷《やまと》のもとに国家的統一を見、また文字・記録をもつようになり、いわゆる原史時代に入っていったので、そういう意味から日本の全史を通じ、古墳時代がもっとも重要な時期の一つであったことは、いうまでもない。

古墳時代の時期区分法として、私は、前期を三世紀末から四世紀後半の中頃までとし、後期をそれ以後、七世紀後半ころまでとするのが妥当であると考える。古墳およびその出土品の研究から、弥生式文化の担い手と古墳時代前期文化の担い手は同一系統であるのにたいして、後期文化はそれらとはまったく異質であると推測されるからである。とくに注目されるのは、後期の古墳に副葬された武器・馬具・服飾品の大部分は、魏晋南北朝時代、すなわち三世紀ころから五世紀ころにかけて大活躍した東北アジアの騎馬民族のそれとほとんどまったく同類であることである。武器や馬具などが後期の古墳から豊富に出土するということは、当時、騎馬の武人が日本で縦横に活躍したことの実証である。

前期古墳文化と後期古墳文化はたがいに根本的に異質であり、その推移が急激であること、また、それまで馬牛のすくなかった日本が、後期古墳時代になって、急に多数の馬匹《ばひつ》を飼養するようになったが、これは騎馬を常習とする民族が馬を伴って日本に渡来したと考えなければ不自然であることなどから、次のようなことがほぼ暗示される。

東北アジア系の騎馬民族が、武器と馬匹をもって朝鮮半島を経由し、おそらく北九州か本州西端部に侵入してきて、四世紀末ころに畿内に進出し、そこに強大な勢力をもった大和朝廷を樹立して、日本統一国家の建設を成就した、と。大和朝廷の樹立は、応神《おうじん》・仁徳《にんとく》両陵に代表される、古墳時代後期の開幕に相応ずるものであろう。

帰化人が日本文化の基礎を築いた

五世紀の初めころから、朝鮮半島の人々が集団的に日本に渡ってきて、大和朝廷国家に帰化し、いろいろな技能や知識をもって、古代日本の経済的・文化的発展に貢献したが、この帰化人にはいろいろ注目すべき現象がある。

平安時代の初めに編纂された『新撰姓氏録《しんせんしょうじろく》』（支配層を形成する氏《うじ》のリスト）のほぼ三十

%は帰化人系統の氏で占められている。このような規模の大きな帰化人の存在は、大和朝廷自体のあり方、その性格を示すものではなかろうかと考えるのである。農耕民族国家では、外国人の傭兵《ようへい》で外敵を防衛する以外には、外国人の集団的移住を許可することはない。これに対して騎馬民族国家では、外国人の集団移民はむしろ普遍的な現象であって、このような現象が顕著に現れたということは、大和朝廷国家そのものの騎馬民族的あり方を示すものではなかろうか。大和朝廷国家では、帰化人が大いに登用されたが、このような例は、農耕民族国家ではほとんどない。

日本古代の帰化人が文化の担い手、推進者として、大和朝廷国家の発展に寄与したことはよく知られているが、とくに彼らが日本に漢字を伝えた功績は大きい。また漢字をもって日本語を表す訓《くん》の工夫も主として彼らによってなされたのに相違なく、こうして大和朝廷は記録をもつようになった。国家の統治や文化の向上に果した文筆の役割ははかりしれないほど大きい。

文筆のほかに、帰化人は、織物・陶器・鋳金・製鉄・土木・建築・彫刻・絵画など、大陸系の高度な技術・芸術とともに、中国の古典思想や仏教などをもたらし、それらを日本の土地に移植し、育成し、日本における最初の高文明たる後期古墳文化の創造と普及に大きな役割を果し、燦然たる飛鳥・奈良の仏教的都市文明への道を開いた。彼ら帰化人がその後千数百年の日本文化の伝統形成の確固たる土台石を置いたというべきである。

読みどころと名言

▽**「神武《じんむ》天皇が、筑紫から畿内に至って大和朝廷を創《はじ》めるという東征の途上、瀬戸内で国《くに》神《がみ》に遇い、彼が海道をよく知っているというので、海導者《みおびきもの》にして東への航海をつづけたという所伝が『古事記』にあるが、これとほぼ同一の説話が高句麗の建国伝説にも見いだされる」**——高句麗は中国東北地方南東部から朝鮮北部の地域に栄えた騎馬民族国家である。建国伝説の類似性は、大和朝廷も騎馬民族国家であることを暗示している。

▽**「大陸の騎馬民族国家では、君主位の継承者は、その国家の建国者の男系の子孫にかぎるという大原則がある。日本皇室のいわゆる万世一系は、まさに大陸騎馬民族国家のそれであって、中国・エジプトなどの農耕民族国家には、このような王朝のあり方はたえて見ない」**——北アジアや東北アジアの騎馬民族国家における君主制と、日本の天皇制は主要な点において著しい類似を示していて、その源流は同一であることを暗示していると、著者は述べている。その即位の儀礼も、建国者の子孫が、天から下った神の子孫であることを語る点で同一であるという。

▽**「騎馬民族国家においては巨大な陵墓や仏窟・仏寺などがつくられることがめずらしくなかった。雲崗《うんこう》の石窟などはそのいちじるしい例であるが、応神《おうじん》・仁徳《にんとく》両陵のような巨大な陵墓をなぜ造営する必要があったのか」**——北九州から移動してきた騎馬民族が、

畿内に大和朝廷を樹立するにあたって、みずからの権力を大和の豪族に誇示し、威圧するために、あの巨大な陵墓を建造した、というのが著者の見解である。

▽**「古墳時代後期の日本人の服装は、埴輪人物像にその大要をうかがうことができるが、それらについて、ほとんどすべての学者は、大陸の騎馬民族のそれ、いわゆる胡服《こふく》の系統と解している」**——胡服は、北アジアの騎馬民族である胡人《こじん》の着用していた、モンペのような形をした、乗馬にふさわしい服装である。もともとは特定の民族を意味する「胡人」ないし「胡」は、外国人や外国のもの一般をあらわす言葉としても用いられている。騎馬民族の記憶が日本人の歴史に深く刻まれていたことを示す一例である。

▽**「日本はモンスーン地帯における島嶼《とうしょ》で、農耕民族の上に騎馬民族が建国した唯一の国なのである。そうしてそこに現在の日本のあり方も根ざしているのである」**——著者は、日本国家の成立と日本民族の形成とをはっきり区別し、日本民族は弥生式時代に南方からの影響をうけて形成されたことを示唆する。日本の国家と民族は南北からの農耕民族と騎馬民族の混交の産物ということになる。そこに日本人の可能性の原点があるかもしれない。

編者からひとこと　「日本人古代史へのアプローチ」というのが本書のサブタイトルである。いまだ定説とはなっていないが、大いに想像力を喚起する壮大な説である。

[文献案内]　江上波夫『騎馬民族国家』(中公新書)。

原爆投下による惨状を描く

「黒い雨」

井伏鱒二

著者と作品紹介

小説家の井伏鱒二《いぶせますじ》（一八九八―一九九三）は、広島県に生まれ、早稲田大学文学部仏文科を中途退学し、三十歳の頃『山椒魚』で文壇に認められ、『ジョン万次郎漂流記』で直木賞を受賞。『集金旅行』『遥拝隊長』『本日休診』『駅前旅館』などの作品がある。一九六六年、文化勲章受章。『黒い雨』（一九六六）は、一九四五年八月六日、アメリカ軍によって広島市に投下された原子爆弾のもたらした惨状を、被爆者の実際の日記などをもとに描いたもので、作者はルポルタージュとして書いたと言っている。主人公の閑間《しずま》重松《しげまつ》は、姪の矢須子が原爆病患者だという噂で縁談が遠のくのを心配し、仲人に読んでもらうために被爆日記を清書する。そこには人類が経験したことがないような光景が記されている……。

要約

目もくらむほど強烈な光の球

僕は朝の出勤で、いつもの通り可部行の電車に乗るため横川駅の構内に入った。乗降台に飛び乗った、そのとき、発車寸前の電車の左側三メートルぐらいのところに、目もくらむほど強烈な光の球が見えた。同時に、真暗闇になって何も見えなくなった。瞬間に黒い幕か何かに包み込まれたようであった。叫び声、怒鳴る声、悲鳴。それと共に、どっと車内から乗客が押し出して来た。

古枕木の柵を越えて構外に出ると、驚いたことに、駅続きの家という家が殆どみんなぺたりと地に倒されて、そこらじゅう地面を瓦の波で覆っている。往来の人は、みんな灰か埃のようなものを頭から被っていた。血を流していないものは一人もいない。両手を幽霊のように前に出して歩いている女もいた。一糸まとわず、さながら銭湯の湯槽へ入るときの恰好で歩いている男もいた。赤ん坊を抱いて「水をくれ、水をくれ」と叫びながら、その声の合間に、赤ん坊の目を拭きつづける女もいた。

「閑間さん、顔をどこかで打たれましたね。皮が剝けて色が変わっております」と、通りがかりの知人が声をかけた。両手で顔を撫でると、左手いちめんに青紫色の紙縒《こより》状のものが着いている。五体に悪寒が感じられた。頭をたたくと、灰神楽《はいかぐら》のように粉が降った。

大きな大きな入道雲が見えた。太い脚を垂らして天空高く伸びあがっている。傘を開きかけの茸型にむくむく太って行く。茸よりクラゲに似た形で、脚を震わせて、赤、紫、藍、緑と、クラゲの頭の色を変えながら、東南に向けて蔓延《はびこ》って行く。ぐらぐらと煮えくり返る湯のように、中から中から湧き出しながら、猛り狂って今にも襲いかぶさってくるようである。さながら地獄からきた使者ではないか。今までのこの宇宙のなかに、こんな怪《おか》しなものを湧き出させる権利を誰が持っているのだろうか。これでも自分は逃げのびられるだろうか。家族は助かるだろうか。

洗っても落ちない黒い雨の跡

ようやくのことで広島駅へ辿りつき、地方専売局の方に向って歩いて行った。破壊され尽くした屋敷街である。電線が切れて縄暖簾のように垂れ下がり、瓦や建具などで道を埋め尽くしている。瓦は踏むとばりばり割れる。負傷者を満載したトラックがひっきりなしに走っていた。市の中心部あたりから、物凄い火焰の竜巻が天を突いていた。大きな火柱が市街各所から湧き出る煙と火焔を一つに吸い寄せて、渦巻いていた。

橋を中ほどまで渡って、欄干が一本もないことに気がついた。北側の欄干は橋の上に倒れて並び、南側の欄干は川のなかへ吹きとばされたらしい。一尺角の御影石で、高さは四尺ぐらいであったろう。そんな堂々たる欄干がみんな吹きとばされ、吹き倒されている。

僕は前々から家族と打ち合わせていた通り、空襲のとき避難する広島大学のグランドへ急いだ。プールのほとりが集合場所になっていた。背負袋を負ぶって毛布を膝に乗せて地面に坐っている妻が見つかった。妻の膝には、釜と小鍋が置いてあった。

僕は念のため家を見てくることにした。家は十五度ぐらい南々東に傾いて、二階の雨戸や障子は吹きとばされて一枚もない。座敷へあがってみると、硝子の破片が一面に散らばって、襖は菱形になっている。柱の日ぐりを見ると、その日の標語は「撃ちてし止まん」であった。僕はグランドに戻り、矢須子を探しに心当たりの場所を訪ねるまえに、行先を知らせる貼紙をするため家に引き返した。そこへひょっこり矢須子が帰って来た。

「おい、顔をこすっちゃいかんぞ」と僕は、矢須子に注意した。「手に、コールタールか何か、付着しているじゃないか」水道の水が出ないので、矢須子に泉水で手を洗わせたが汚れは落ちなかった。黒い雨が降った跡だと云うのだが、皮膚にぴったりついている。コールタールでもなし、黒ペンキでもなし、為体の知れないものである。

▽**「相生橋を渡るため堤防を川下に向って行った。右手の堤防下の草むらに無数の死体が転がっていた。川のなかにも、次から次に流れていた」**——相生橋は爆心地のすぐ近くにある。街をひと舐めにした火焔で上半身だけ焼かれて白骨になった死体、母親と思われる死体のワンピースの胸を開いて乳房をいじっている幼児、牛と共に道にどっかり坐ったまま死んでいる荷車ひきなど、凄惨《せいさん》きわまりない情景が随所に記されている。

▽**「その見習士官が、広島城の吹きとぶ瞬間の有様を目にとめた。天守閣はその姿のまま、さっと東南に飛びながら空中に立っていたそうだ」**——広島城は爆心地から一キロほどの所にある。その五層の天守閣が四、五十メートルも飛んだというのである。爆風の凄まじさを語る一例である。台石と塔身の間に煉瓦のかけらが挟まった墓も報告されている。爆風で塔身が持ち上がった瞬間、吹きとばされて来た煉瓦のかけらが挟まったものらしい。

▽**「死人を筵《むしろ》に移しとると、リヤカーに載せて出発した。僕はその後からついて行った。川原の砂地は両岸ともに火葬場の観がある。川上の方でも川下の方でも至るところに煙があがっている。盛んに燃えているものもあり、燃え残ってくすぶっているのもある」**——妻と姪とともに勤務先の工場に避難した重松は、続出する死者を弔う役目を工

場長から命じられる。近くの寺の僧侶に経文を教わり、間に合わせにしつらえた祭壇の前で読経する。はじめは棺《ひつぎ》をこしらえていたが、やがて材料もなくなる。非常時のことで、死体を川原で焼くのは黙認されていたという。

▽**「これからは毎年八月六日の原爆記念日に、あの八月六日の朝の献立通りの朝飯を食べたらどうかしら。あの日の朝の献立なら、わたしは覚えておるわ。不思議に、はっきり覚えとるんよ」**――当時の庶民の生活がいきいきと記されているのも、この作品の特徴である。アサリの塩汁とご飯の代わりに脱脂大豆というのが、「あの日」の朝食の献立である。それも、アサリは三人で六個だけ。前日に橋の下で掘ってきたアサリである。妻のシゲ子は夫の提案で、「広島にて戦時下に於ける食生活」という一文をまとめる。

▽**「矢須子が原爆病にかかったのは、黒い雨に打たれたためばかりでなく、まだ熱気のある焼跡の灰のなかを歩きまわったためもあるだろう。相生橋から左官町に出る途中、匍匐《ほふく》前進するとき矢須子は左の肘を擦りむいた。その傷も死の灰の作用を受けなかったとは思われない」**――原爆投下の時、矢須子は爆心地から十キロ以上はなれたところにいたので、原爆病の疑いはないと重松は考えていた。矢須子は縁談を断られ、原爆病に苦しむ。

編者からひとこと　広島市および長崎市の原爆死没者名簿に記載された方々は、二〇〇六年八月六日、九日時点で、それぞれ二十四万七千七百八十七名、十四万百四十四名。

［文献案内］井伏鱒二『黒い雨』（新潮文庫）。

日本人は南から沖縄の島伝いに渡来した

「海上の道」

柳田国男

著者と作品紹介

民俗学者の柳田国男《やなぎたくにお》（一八七五―一九六二）は、兵庫県に生まれ、東京帝国大学法科大学を卒業し、農商務省に入り、退官後、朝日新聞社に入社し、論説委員として社説などを執筆。それらの傍ら、各地の古来の伝承や習俗に関心を寄せ、一九一〇年、岩手県遠野地方に伝わる不思議な話を『遠野《とおの》物語』にまとめ、これが民俗学研究の出発点となった。民俗の調査・比較研究のために「民間伝承の会」を組織するなど、民俗学の創始者として活躍した。一九五一年、文化勲章受章。雄大な構想を背景に、積年の民俗学の成果と傾注した『海上の道』(一九六一)で、稲と稲作技術を携えた日本人の祖先が、南方から沖縄の島伝いに北上して(これを「海上の道」と呼ぶ)日本列島に定住したという仮説を提唱した。

要約

砂浜に流れ着いた椰子の実

日本人は、最初どの方角からどこへ渡って来たのか、何百という数の大小遠近の島々のうち、どれへはじめて上陸し、次々にどの方角へ移り拡がって行ったものなのか。そのひとつの仮定説を提出してみたいと思う。

それにはまず隠れたる海上の道というものが発見される日を期待しなければならないが、そのひとつのヒントになろうかと思われるのが、私が「寄物《よりもの》」と名づけている海岸への漂着物である。その昔、明治三十年の夏、まだ大学二年生の休みに、三河の伊良湖崎の突端で一月あまり過ごしたことがあった。砂浜にはさまざまな寄物があったが、風のやや強かった次の朝などに、椰子の実の流れ寄っていたのを三度まで見たことがある。どの辺の沖の小島から海に泛《うか》んだものかは今でも判らぬが、ともかくも遥かな波路を越えてまだ新しい姿でこんな浜辺まで、渡って来ていることが私には大きな驚きであった。

その後、私は沖縄から九州、四国や奥州などの各地に椰子の実が漂着した記録があることを知った。この植物が日本列島の風土にふさわず、一度も芽を吹き親木を成長せしめなかったということが、埋もれたる海上の道を探る上に、好箇《こうこ》の手掛りを供与する。漂着をもって最初の交通と見ることが許されるならば、日本人の故郷はそう遠方でなかったことがまずわかる。人は際限もなく椰子の実のように海上をただよってはいられない。幸いにこの島は住むに足るという印象を得たとすれば、一度は引き返して、必要なる物をととのえ、妻子を伴い、永住の計を立てねばならない。

どうして危険を冒してまでもう一度この島に渡って来ることになったのかという肝心の問題について、私は、ただ宝貝の魅力のためと、一言で解説し得るように思っている。秦の始皇帝の世に銅貨がつくられるまで、中国の至宝は宝貝であった。いわゆる琉球三十六島のなかでも宮古島は、この貝類のもっとも豊富なる産地である。はじめて大陸から人の漂着したのはこの島ではなかっただろうかというのが、やや大胆すぎる私の仮定である。

南の海の彼方の日本人の故郷

日本人の故郷を考えるうえでもうひとつの大きな手掛りとなるのが、一般に浦島太郎と竜宮の物語として知られている仙郷説話である。竜宮と言ってもそこには竜はいない。乙姫様という美しい一人娘がいる。竜宮は後世になってつけられた名であって、それ以前には、この海中の世界は、蓬萊山《ほうらい》と記され、その古訓はトコヨノクニであった。沖縄・奄美諸島に伝わる古代の歌謡を集めた「おもろ草紙」では、これに相当する言葉が、ニライカナイあるいはニルヤカナヤ、単に、ニルヤである。

島々の記録記憶を見渡すと、最初ニルヤから渡って来たと伝えられる重要なものが幾つもある。第一に火であり、第二に稲の種がある。最初、白色の壺に入れられて、沖縄の聖地と言われる久高島《くだかじま》の浜辺に漂着した五つの種のなかには稲の種はなく、後にひそかに運ばれたと伝えられ、奄美大島の方では、鶴が稲穂を持って来たことになっている。これに似た口碑《こうひ》は日本全土に分布し、関西はもっぱら麦の種だが、奥羽には、稲を天竺《てんじく》または唐土《とうど》からそっと持って来た話として伝わっている。古人の考え方の大体に同じ方向へ傾いていた点に、とくに深い興味を惹かれるのである。

昔の人たちは、海上の故郷であるニライカナイが、単に現世において健闘した人びとのために安らかな休息の地を約束するばかりでなく、なおくさぐさの厚意と声援とを送り届けようとする精霊が止住《しじゅう》し往来する拠点でもあると考えていたらしい。また、その恩恵の永続を確かめんがために、毎年、心を籠《こ》め身を浄《きよ》くして、稲という作物の栽培をくり返し、その成果をもって人生の幸福の目盛りとする、古来の習わしがあったかということを考えてみようとした。

読みどころと名言

▽「アユは後世のアイノカゼも同様に、海岸に向ってまともに吹いて来る風、即ち数々の渡海の船を安らかに港入りさせ、又はくさぐさの珍らかなる物を、渚に向って吹き寄せる風のことであった」――著者は『風位考』で、アイノカゼが海辺に住む人にとって「心ときめく風」であったことを記している。遠い海の彼方から、椰子の実などの「寄物」ばかりではなく、日本人の祖先を運んできたのも、この風であったというのが、著者の見解である。

▽「(伊良湖崎の砂浜で椰子の実を見たという)この話を東京に還ってきて、島崎藤村《しまざきとうそん》君にしたことが私にはよい記念である。今でも多くの若い人たちに愛誦《あいしょう》せられている『椰子の実』の歌というのは、多分は同じ年のうちの製作であり、あれを貰《もら》いましたよと、自分でも言われたことがある」――学生時代、柳田国男は「新体詩」をつくっていて、その関係で島崎藤村や国木田独歩と知り合い、親交があった。「名も知らぬ遠き島より流れ寄る椰子の実一つ」ではじまる詩は、作曲され、広く歌われている。

▽「かつて金銀のいまだ冶鋳《やちゅう》せられず、山が照り耀《かがや》く石をいまだ掘り出さしめなかった期間、自然に掌上《しょうじょう》に取上げられるものとしては、宝貝より目ざましく、あでやかなる物は他になかった」――大正十二年、はじめての沖縄旅行で宝貝に出会い、その美しさに

驚嘆した柳田国男は、後に、これこそ、黒潮を北上してきた民族を日本の地にひきつける引力だったのではないかと考えるようになった。

▽**「最初から、少なくとも或る程度の技術とともに、或いはそれ以外に米というものの重要性の認識とともに、自ら種実を携えて、渡って来たのが日本人であった」**――日本人の生活や文化は稲作と切っても切れない関係にある。米の種だけが伝えられたのではなく、稲作技術やそれにかかわる習俗なども伝えられたと、著者は言う。日本人の祖先は、米そのものだけではなく、そういう技術や習俗をも日本に伝えたのである。とくに米にまつわる行事や信仰をたどることによって、日本人の故郷を推定することが可能であろう。

▽**「那覇の波の上という丘陵の高みでは、毎年日を定めてこの附近の居留者が、各々その故郷の方角に向けて香炉《こうろ》を置き、それぞれの本国に向って遥拝の式、ここでネグニ拝みという祭が近い頃まで行われていた」**――ネグニは「根国」で、『古事記』などで言及されている「根の国」に相当する。地底にある黄泉《よみ》の国と考えられているが、「根」は出発点であるとして、これはニライカナイ、日本人の故郷をあらわすというのが著者の見方である。

編者からひとこと　ここに述べられた柳田国男の仮説は、稲作は日本本土から沖縄に伝えられたという事実によって否定されてはいるが、中国や東南アジアなどの広い視野をふくむ「民族比較学」という点から再評価されている。新たな研究の「根」である。

[文献案内]　柳田国男『海上の道』(角川ソフィア文庫、岩波文庫)。

時代を見つめ、自分を見つめた作家の日記

「断腸亭日乗」

永井荷風

著者と作品紹介

小説家の永井荷風《ながいかふう》（一八七九―一九五九）は、東京に生まれ、東京外国語学校清語科を中退し、小説家を志す。父親から実用の学を修めるよう命じられ、約五年間、アメリカおよびフランスに遊学。帰国後、『あめりか物語』『ふらんす物語』で文名を高め、一時、慶應義塾でフランス文学を講じ、文芸雑誌「三田文学」の主幹を務めたが、退官後は、近代の日本への幻滅から、江戸情緒を伝える花柳界に耽溺して戯作者を自認し、花柳界に取材した『腕くらべ』『濹東綺譚《ぼくとうきたん》』などを執筆。一九五二年、文化勲章受章。『断腸亭日乗《だんちょうていにちじょう》』は、三十八歳から死の前日まで書きつづけられた日記で、起筆当時の住居の名に因む命名。世相風俗、交遊、時局批判、季節の移り変わり、自己省察など、興趣尽きない内容である。

要約

兵乱の世に長寿を保つほど悲惨なるはなし

昭和十二年八月廿《にじゅう》四日　余この頃東京住民の生活を見るに、彼らはその生活について相応に満足と喜悦とを覚ゆるものの如く、軍国政治に対しても更に不安を抱かず、戦争についても更に恐怖せず、むしろこれを喜べるが如き状況なり。

十四年六月三十日　町会の男来り金品申告書を置きて去る。手許には金製の物品なし。

七月初一　手箱の中にしまひ置きし煙草入金具《かなぐ》の裏坐に金を用ひしものあるに心付き、袋よりこれを剝ぎ取りて紙に包み、吾妻橋の上より浅草川の水に投棄てたり。むざむざ役人の手に渡して些少の銭を獲《え》んよりはむしろ捨去るに如かず。

九月初二　この日新聞紙独波両国開戦の記事を掲ぐ。ショーパンとシェンキイッツの祖国に勝利の光栄あれかし。

十五年二月十日　夜浅草に往く。電力不足のためオペラ館楽屋暗くなりたり。その他いづこの劇場も燈数を減じ、夜十時過には六区の往来暗淡として人影なし。
二月二十日　病院に往く。院長頻《しき》りに菜食の要あるを説く。余窃かに思ふところあり。余齢《よわい》既に六十を越えたり。希望ある世の中ならば摂生節欲して残生を偸《ぬす》むもまたあしきにあらざるべし。されど今日の如き兵乱の世にありて長寿を保つほど悲惨なるはなし。
十八年正月一日　炭を惜しむがため正午になるを待ち起出で昆炉《こんろ》に火をおこす。焚付けは割箸の古きものまたは庭木の枯枝。昆炉に炭火のおこるを待ち米一合とぎてかしぐなり。惣菜《そうざい》は芋もしくは大根蕪《かぶ》のたぐひのみなり。町の噂に、エノケン緑波《ろっぱ》などいふ道化役者の見物を笑わせる芝居は不面目《ふまじめ》なれば芸風を改むべき由その筋より命令ありしといふ。
十二月三十一日　今は勝敗を問はず唯一日も早く戦争の終了をまつのみなり。

二十六年住馴れし偏奇館焼亡す

十九年三月十四日　開戦以来現代民衆の心情ほど解しがたきものなし。多年従事せし職業を奪はれて職工に徴集せらるるもさして悲しまず、空襲近しと言はれてもまた驚き騒がず。何事の起り来るとも唯その成りゆきに任せて寸毫《すんごう》の感激をも催すことなし。彼らは唯電車の乗降りに必死となりて先を争ふのみ。これ現代一般の世情なるべく全く不可解なり。
三月卅一《さんじゅう》日　オペラ館取払となるにつき、地下鉄にて田原町《たわらまち》より黄昏《たそがれ》の光をたよりに歩みを運ぶ。余は六十になりし時偶然この別天地を発見し或時は殆《ほとんど》毎日来り遊びしがそれも今は還らぬ夢とはなれり。涙おのずから湧出で襟巻《えりまき》を潤す。今年になりて突然歌舞伎座の閉鎖せられし頃より何事に対しても甚しく感傷的とはなれり。

二十年三月九日　夜半空襲あり。翌暁《よくぎょう》四時、二十六年住馴れし偏奇館焼亡す。余は枕元の窓火光《かこう》を受けてあかるくなり鄰人の叫ぶ声のただならぬに驚き日誌及草稿を入れたる手革包《かばん》を提げて庭に出でたり。火星は烈風に舞ひ粉々として庭上に落つ。余は四方を顧望《こぼう》し到底禍《わざわい》を免るること能《あた》はざるべきを思ひ、霊南坂《れいなんざか》上に出で西班牙《スペイン》公使館側の空地に憩ふ。ああ余は着のみ着のまま家も蔵書もなき身とはなれるなり。昨夜猛火は殆東京全市を灰になしたり。浅草観音堂、吉原遊郭、芝増上寺も烏有《うゆう》に帰す。

八月十五日　正午ラヂオ放送、日米戦争突然停止せし由を公表したりと言ふ。あたかも好し、日暮染物屋《そめものや》の婆、鶏肉葡萄酒を持来る、休戦の祝宴を張り皆々酔うて寝に就きぬ。

八月十八日　食料いよいよ欠乏するが如し。朝おも湯を啜《すす》り昼と夜とに粥に野菜を煮込みたるものを口にするのみ。されど今は空襲警報を聞かざる事を以て最大の幸福となす。

九月十六日　余はいはれなく余が余命を来春まで保ち得るや否やと思へる折から、戦敗後の世情聞くもの見るもの一ッとして悲愁の種ならぬはなし。昨日まで日本軍部の圧迫に呻吟《しんぎん》せし国民の豹変して敵国に阿諛《あゆ》を呈する状況を見ては、義士に非らざるも誰か眉を顰《ひそ》めざるものあらむ。

▽「世間の事を推察するに、天下の人心日に日に兇悪となり富貴を羨み革命の乱を好むものの如し。余はこの際に当りて一身多病、何らのなす所もなし。幕末乱世の際、江戸の浮世絵師戯作者輩のなせし所を見るに、平然として泰平の世にあるが如く、滑稽諷刺の戯作を試みる者あり。余は何が故に徒に憂悶するや。須《すべか》らく江戸戯作者の顰《ひそみ》に倣《なら》ふべきなり」（大正八年）――荷風は自分を社会の余計者、作品をたわむれの産物と見なしていた。

▽「つらつら明治以降大正現代の帝都を見れば、いはゆる山師の玄関に異ならず。愚民を欺くいかさま物に過ぎざれば、灰燼になりしとてさして惜しむには及ばず。近年世間一般奢侈驕慢《しやしきようまん》、貪欲飽くことを知らざりし有様を顧れば、この度の災禍は実に天罰なりといふべし」（大正十二年）――関東大震災についての感想である。当時、麻布の「偏奇館」と名づけた家に住んでいたが、無事だった。帝都は焦土と化し、虎ノ門の近くの江戸見坂（同名の坂が品川にもある）の上から、房総の山影が手に取るように見えたと記している。

▽「窗外《そうがい》に繁りたる椎《しい》の老樹今年始めて花をつけたり。数ふれば九年前この家に移り住みし時この老樹虫つきて弱りゐたりし故幹の穴に薬液をそそぎ込みて蟻の巣を除きなどしたり。今は全く病なき椎の木とはなりぬ。これに反して主人なるわが身は一年一年に老ひおとろへ今は幹に梯子かけて古枝刈り込むこともできがたき身とは成れり」（昭

和三年）——庭の草木の手入れを好み、とくに秋海棠《しゅうかいどう》（その別称が断腸花）を愛でた。この椎の老木は昭和二十年三月十日の東京大空襲で焼失した。

▽**「午後鹿沼町の女突然尋ね来る。只今《ただいま》は蠣殻町《かきがらちょう》の待合《まちあい》××といふ家に住み込み、当分こにてかせぐつもりなりと言ふ。この待合の客筋には警視庁特高課の重立《おもだ》ち役人、また翼賛会の大立物あれば手入れの心配は決してなしと語れり。新体制の腐敗早くも帝都の裏面にまで瀰漫《びまん》せしなり。痛快なりといふべし」**（昭和十六年）——酔客の話として、日本橋のデパートに奢侈《しゃし》禁制品の注文があったので調べたところ、東条首相の妻女らの注文とわかり、刑事は引き下がったということも記されている。

▽**「数日前より毎日台所にて正午南京米《ナンキンまい》の煮ゆる間仏蘭西《フランス》訳の聖書を読むことにしたり。老後基督教《きりすときょう》を信ぜんとするものにあらず。去年来余は軍人政府の圧迫いよいよ甚しくなるにつけ精神上の苦悩に堪えず、遂に何らか慰安の道を求めざるべからざるに至りしなり。耶蘇教《やそきょう》は強者の迫害に対する弱者の勝利を語るものなり」**（昭和十八年）——就寝後も聖書を読むなど、心の支えになったことがうかがえる。ちなみに荷風の母はクリスチャンだった。

（編者からひとこと）荷風は筆禍をおそれ、時局批判の文章を切り取ったりしていたが、昭和十六年六月、江戸時代のある国学者の一文を読んでから自己検閲をやめた。

［文献案内］永井荷風『摘録　断腸亭日乗』（磯田光一編・岩波文庫）。

江戸から明治の波瀾万丈の半生

「高橋是清自伝」

高橋是清

著者と作品紹介

財政家、政治家の高橋是清《たかはしこれきよ》（一八五四―一九三六）は、幕府御用絵師の子として江戸に生まれ、仙台藩足軽の養子となり、十三歳のとき藩の留学生として渡米するが、だまされて奴隷として売られ、帰国後、英語教師や官吏、相場師などを経て、農商務省にはいり、特許局長として日本の工業所有権の基礎を築く。しかし、ペルーの銀山の開発に失敗して零落。知遇を得て日本銀行に就職し、日露戦争に際し、戦費調達のための外債募集に成功、男爵の爵位を受け、日銀総裁となる。その財政家としての手腕が認められ、第一次山本内閣をはじめとして七度《たび》も蔵相を務め、軍事費削減で青年将校の反感を買い、二・二六事件で暗殺される。『高橋是清自伝』(一九三六)には外債募集成功までの波瀾万丈の半生が語られている。

要約

人にだまされ、事業に失敗しても挫けない

文部省をやめて東京英語学校に在職中、友人の福井数右衛門がやって来て、乳牛事業が有望だから、資金を出して頂きたいというので、幼馴染《おさななじみ》の鈴木と私とで数百円の金を投資した。その後しばらくは、利益があったといって、月々いくらかずつ正直に届けてきた。その後、長野県の馬市場で牛も扱うように改良する計画を持ってきた。当時、長野県では馬の市場が各所にあって、伯楽《ばくろう》が一万人以上もいた。

友人にこの話をすると、賛成し、牛の種馬を買う資金として二千円を福井に貸すことになり、私はその保証人になった。ところが、福井の話は真赤な嘘だった。私は自ら省みて、こんなことではいかぬと、ここで翻然方面を転換して、翻訳に専念することとなった。そのころ大流行していたコレラに関する英文の文献を翻訳したりなどして稼ぎ、また、大学

予備門や共立学校で教鞭《きょうべん》を執《と》り、幾程もなく四、五千円ばかりの貯蓄が出来た。

私は金儲けをしたいというのではなく、学資に困っている有為な青年のためにと思って、友人たちに勧められるまま、銀相場に投資したが、結果は大損に終わった。相場ではひどい目にあったが、そこで一つ相場というものを研究してみたいという考えが起り、米の仲買商をはじめた。当時、日本から外国へ米を輸出していたが、相場とは結局、賭博に過ぎないことがよく分かったので、四か月ばかりで廃業して決算をしたら、六千円の資本金のほかになお千五百円ばかりの欠損を生じていた。

明治十四年（二十八歳）の春になって、友人たちが文部省に入ってはどうかと勧めてくれたが、文部省の浜尾新君が、放蕩をしたり銀相場に手を出すような者はふさわしくないと異論を唱えた。そこで私は、浜尾君に会って事情を説明し、「今日の高橋は昨日の高橋とは別人になっていると」と話した。文部省に入って間もなく農商務省ができ、そちらに移って、日本ではじめて商標登録や特許条例を整備する仕事を担当した。

とにかく君の身体《からだ》は私に任せたらよかろう

特許局長の職を投げ打って手がけたペルーの銀山の開発に失敗し、また、有望な鉱山だというので譲り受けた上州天沼の鉱山の経営にも失敗し、借金弁済のために家を売り払い、借家住まいで、妻は編み物の内職という有様。私はいよいよ帝都を去って田舎に引籠《ひきこも》ろうと覚悟した。この間の事情を知っていた西郷従道《つぐみち》、品川弥二郎、松方正義らの諸先輩が時の日本銀行総裁、川田《かわだ》小一郎氏に紹介されたと見え、その縁で、私は明治二十五年陽春四月のある朝早く、牛込新小川町の川田邸を訪問した。

「田舎へ引込むことはよくない。失敗はいくらでも取戻すことができるではないか。ついてはこれから実業界にはいってはどうか。とにかく君の身体は私に任せたらよかろう」と言われるので、「実業界ははじめてでありますから、どうぞ丁稚《でっち》小僧から仕上げてください」とお願いした。

こうして、まず日本銀行の新館の建築に参加し、日本銀行の正社員に採用され、馬関《ばかん》（下関）支店長を経て、総裁の命令で横浜正金《しょうきん》銀行に移り、明治三十年副頭取となった。その後、日本銀行副総裁に任命され、明治三十七年、日露戦争に際して、巨額の戦費を捻出するための外債募集を委任された。外国から戦艦などを買う費用として、年内に一億円は絶対に必要だということで、私はロンドンに向った。

ロンドンの銀行家たちはなかなか話に応じてくれなかったが、二、三か月もするとようやく公債談に目鼻がつきかけ、また、たまたま知り合ったアメリカ人も話に乗ってくれて、英米で合わせて一億円の公債を発行することができた。発行当日、様子を見にいくと、銀行のまわりには二、三町もの申込人の行列ができていた。その後、合計五回にわたって総額十億円以上の外債を募集することができた。

▽「……騎馬士が二人、疾風のごとく馬を飛ばして来たが、ハッと思う間もなく、私はその馬蹄に踏まれてしまった。皆が驚いて、急いで抱き上げて見ると、どうもなっていない、改めて見たが、僅かに羽織の紋の上に、馬の草鞋《わらじ》の型があるばかりで、まことに運よくも危難を免れた」——著者が五歳の頃のエピソードである。当時の馬は草鞋を履いていたことがわかる。蹄を保護するための蹄鉄は、すでに紀元前にユーラシア北方の騎馬民族によって発明され、使用されていたが、日本で実用化されるのは、明治になってからである。

▽「（渡米直前のある日）祖母は私を膝近く呼んで一振《ひとふり》の短刀を授けていうのには、〈男は名を惜しむことが第一だ。義のためや、恥を掻いたら、死なねばならぬことがあるかも知れぬ、その万一のために授けるのです〉と、懇《ねんご》ろに切腹の方法まで教えてくれた」——著者の養育に大きな影響を与えた養祖母は「女丈夫」と評されたほどの女性である。彼女は、手ずからその髷《まげ》を切って散斬頭《ざんぎりあたま》にしたが、胸中には武士道精神をたたきこんで、高橋少年をアメリカに送り出した。短刀はアメリカ人に珍しがられて、ピストルと交換された。

▽「明治二十一年十二月十八日をもって、旧法を廃して新たに商標条例、特許条例及び意匠条例が発布せられ、翌年二月一日から施行せらるることとなった、ここに至って、工

業所有権保護に関する法規はほとんど具備するに至った」――日本における工業所有権保護制度の確立に果たした高橋是清の役割は大きい。米英独仏の特許制度などを調査し、条例を起草した。新たに特許局を設け、その建物をつくったのも彼の功績である。

▽**「米国にいるたくさんのユダヤ人の会長であるシフ氏は、日露戦争は必ずやロシヤの政治に、一大変革をもたらし、ロシヤのユダヤ人はその虐政から救われるであろうと考えた。これがすなわちシフ氏が日本の公債を引受けるに至った真の動機であった」**――はじめはアメリカでの募債は予定されていなかったが、ロンドンで再会したアメリカの友人から紹介された銀行家のシフ氏が募債の話を聞きつけ、その半額を引き受けることとなった。その後、独仏でも募債に成功した。日本は当時の主要大国を味方にしたわけである。

▽**「私は英国銀行団の請《こい》に任せて今次の募集は今後一ヵ年の軍費に充《あ》つべきものであることをわざわざ声明した。その舌の根の未だ乾かざるにまた三億円を募集すべしという政府の命令はいかにも意外であった」**――日露戦争の戦費、約二十億円のうち半分は外債で、その他は国債および増税に依存した。著者は戦争がいかに巨費を必要とするか実感したはずである。後に蔵相として軍事費削減を主張した背景のひとつであったかもしれない。

編者からひとこと　著者はアメリカで特許局の女性から情報を集めるためダンスを習った。そのような適応力と幾たびもの失敗にめげない抜群の楽観主義が彼の魅力である。

［文献案内］　高橋是清『高橋是清自伝』（中公文庫）。

明治維新の夢と挫折

「夜明け前」

島崎藤村

著者と作品紹介

詩人、小説家の島崎藤村《しまざきとうそん》（一八七二―一九四三）は長野県に生まれ、明治学院を卒業後、『若菜集』で詩人として出発し、『破戒』で自然主義小説家の地位を確立。『夜明け前』（一九三五）は、中仙道（東海道に対比して東山道と言う）の馬籠宿《まごめ》（藤村の生地）を主な舞台に、その本陣当主、青山半蔵を主人公に、幕末から明治への激動の時代を描いた長編小説である。藤村の父親をモデルとした半蔵は、古代の日本人の心に立ち帰ることを説く、国学者の平田篤胤《ひらたあつたね》の思想に共鳴し、明治の新政府にその実現を期待し、尽力するが、帝都で目にしたのは理想とは程遠い現実だった。小説は、ペリー来航の嘉永六（一八五三）年にはじまり、絶望のあまり正気を失った半蔵が座敷牢に幽閉されて生涯を閉じる明治十九（一八八六）年で終わる。

要約

御一新がこんなことであっていいのか

東海、東山《とうさん》、北陸の三道よりする東征軍進発のことは東濃南信の地方にも知れ渡った。誰もが王政一新の声を聞き、復興した御代《みよ》の光を仰ごうとしていた。友人たちに「世の中はまだ暗い」と言っていた青山半蔵は、早く東山道軍をこの街道に迎えたかった。

慶応四年二月、総勢三千人あまりの東山道軍は四日にわたって馬籠峠の上を通り過ぎて行った。過ぐる文久元年の和宮《かずのみや》様御降嫁以来、道幅はすべて二間見通しということに改められたが、そこここには人馬のために踏み崩された石垣を繕うもの、焼け残りの松明《たいまつ》を始末するもの、道路に遺《のこ》し棄《す》てられた草鞋《わらじ》や馬の藁沓《わらぐつ》、馬糞などを掻き集めるものがいる。多人数のために用意した膳や椀、布団や枕の類の後片付けがどの家でもはじまっていた。

東山道軍の総督一行は、困窮の者を救済し、八十歳以上の高齢者へは褒美をつかわすと布告を出したが、誰ひとり名乗り出る者はなかった。

「村の衆なぞは実にノンキなものですね。江戸幕府が倒れようと、御一新の世の中になろうと、そんなことはどうでもいいような顔をしている」と本陣の奉公人が言った。

「もっと皆が喜ぶかと思った」と、半蔵は深い溜息をつかずにはいられなかった。

慶応四年は明治元年と改められ、江戸は東京となり、明治六年には太陽暦に改暦され、今や四民が平等と見なされ、木曾路も様変わりした。本陣は廃止され、庄屋は戸長と改称され、輸送に関することは陸運会社の取り扱いに変わった。戸長となった半蔵は、村人が従来どおり山林に自由に出入りできるよう県庁に嘆願書を提出しようとした矢先、支庁に召喚され、戸長を免職された。半蔵のような愚直なものが忘れようとして忘れられないのは、民意の尊重を約束して出発したあの新政府の意気込みであった。

「御一新がこんなことであっていいのか」と、支庁からの帰り道、彼は独り言って見た。

いつの間にかこの世の旅の半ばに正路《せいろ》を失って

「見たまえ、こんなに早く国学者の認められる時が来ようとは思わなかった。この大政の復古が建武中興の昔に帰るようなことであっちゃならない。神武の創業にまで帰って行くことでなくちゃならない」と、平田篤胤を信奉する同門の友は言っていたが、明治元年あたりを平田派全盛時代の頂点として、その後は入門者の数は減少して行った。

戸長を免職され、学事掛としての仕事だけが残った半蔵は、時にはこのまま無学な百姓の子供達を教えたいと思い、時にはこんな山の中に引き込んでいる世の中ではないと思い、精神の動揺は止《や》まない。復古に躓《つまず》いた平田門人が古い神社に進路を開拓するのも一理あると考え、半蔵は、新しい路をひらくために上京し、寺社を管理する教部省に奉職した。しかし、役所の空気はもはや事を企てるという時代ではなく、ただただ各派間の妥協をはかるという風であった。同僚との交際にしても底に触れるものがない。

教部省御雇は半年で終りを告げた。いつの間にか彼はこの世の旅の半ばに正路を失った人である。そして行っても行っても思うところへ出られないような焦々《いらいら》した心地で町を歩いている。ある日、帝《みかど》の行幸を拝していた半蔵は、止むに止まれぬ熱い情《こころ》が胸にさし迫り、「蟹《かに》の穴ふせぎとめずは高堤《こうづつみ》やがてくゆべきときなからめや」と自歌を記した扇子をその御馬車に投進した。この献扇事件で五日間留置され、帰郷した半蔵は家督を息子に譲り、飛驒の山奥の神社で宮司として四年間を過ごした。

「復古の道は絶えて、平田一門はすでに破滅した」

それを考えると、深い悲しみが胸に湧き上る。古代の人に見るような素直な心はもう一度この世に求められないものか、どうかしてあの出発点に帰りたい。いかなる維新も幻想を伴うものであるのか、物を極端に持って行くことは維新の附き物であるのか、そのために反って維新は成就しがたいのであるか、いずれとも彼には言うことは出来なかった。

読みどころと名言

▽「木曾路はすべて山の中である。あるところは岨《そば》づたいに行く崖《がけ》の道であり、あるところは数十間の深さに臨む木曾川の岸であり、あるところは山の尾をめぐる谷の入口である。一筋の街道はこの深い森林地帯を貫いていた」――よく知られた冒頭の文章である。この街道に沿って並ぶ、馬籠、妻籠《つまご》、福島、奈良井などの木曾十一宿は、江戸と京都のほぼ中央にある。尾張藩の領地で、関所のある福島の代官が行政に当たっている。

▽「食器から寝道具までを携帯する大名の旅は、おそらく戦時を忘れまいとする往昔《むかし》の武人が行軍の保存されたもので、それらの一行がこの宿場に到着するごとに、本陣の玄関のところには必ず陣中のような幕が張り回される。大名以外には、公卿、公役《こうえき》、武士のみがここへ来て宿泊し、休息することを許されている。こんな人達のために屋敷を用意し、部屋々々を貸し与えるのが本陣としての青山の家業である」――本陣当主の青山家は天正年間（十六世紀末）に馬籠に住み着き、半蔵で十七代目。藤村の父が半蔵のモデルである。

▽「いくら人の欠点を知ったところで、そんなことが何になろう」――教部省に奉職中、同僚から、半蔵が尊信する本居宣長《もとおりのりなが》翁の弟子の日記にこんなことが記されていたと聞く。弟子たちが翁の家で、「先生は実に活神様《いきがみさま》だ」と話しながら食事をしていると、給仕の下女が俄《にわ》かに泣き出した。仔細《しさい》をたずねると、実はその活神様が毎晩のように自分の寝

部屋に来るので、昨夜は足で蹴ってやったが、罰《ばち》が当たって、足が曲がりはしないかと、それで泣いたのだという。知るべきは他人の欠点よりも、自分の欠点のほうである。

▽**「最も古いところに着眼して、しかも最も新しい路をあとから来るものに教えたのは国学者仲間の先達《せんだつ》であった。万葉集を研究した賀茂真淵《かものまぶち》の遺志をついだ本居宣長が終生の事業として古事記を探るようになって、はじめて古代の全き貌《すがた》を明るみへ持ち出すことができた。そこから、一つの精神が生まれた。この精神は多くの夢想の人の胸に宿った」**——江戸時代の国学者は日本人の国民性を遠い古代に発見したとするが、その実体はさだかではない。西欧のルネサンスは新しい時代の推進力になったが、日本ではその力はなかった。

▽**「人々は進歩をはらんだ昨日の保守に疲れ、保守をはらんだ昨日の進歩にも疲れた。新しい日本を求める心はようやく多くの若者の胸にきざして来たが、しかし封建時代を葬ることばかりを知って、まだまことの維新の成就する日を望むこともできないような不幸な薄暗さがあたりを支配していた」**——末尾に記されたこの小説のメッセージである。「不幸な薄暗さ」は現在の日本をも支配する。依然として「夜明け前」である。

編者からひとこと　史実を忠実に再現したこの小説で著者が訴えようとしたのは、挫折した父の空しい思いではなかろうか。そういう「父の肖像」を残したかったのである。

[文献案内]　島崎藤村『夜明け前』(岩波文庫、新潮文庫など)。

万葉びとの魂のふるさとを求めて

「古代研究」

折口信夫

著者と作品紹介

民俗学者、国文学者、歌人の折口信夫《おりくちしのぶ》（一八八七―一九五三）は、大阪に生まれ、國學院大學国文科を卒業、國學院大學教授および慶應大学教授を務める。民俗学者の柳田国男の影響を受けて民俗学の研究に進み、古代の日本人の信仰や習俗、生活を伝え残すものとしての民俗に注目し、そこに日本人の魂の起源を求め、とくに奈良朝以前の「万葉びと」と呼ぶ人びとの感性に、古代人の信仰と文学との融合を読み取る。その独特で画期的な民俗学的国文学は「折口学」とも称される。一時「アララギ」派に属し、号は釈迢空《しゃくちょうくう》。主著『古代研究』（一九三〇）は、国文学篇と民俗学篇とで構成され、古代人と神々との交わり、その交わりからの文学の発生、現代に伝わるさまざまな習俗の意義や由来などを説き明かす。

要約

まれびとのおとづれ

祖先の使い遺した語で、私どもの胸にもまだある感動を失わないのは「まれびと」という語である。まれびとの最初の意義は、神であったらしい。時を定めて来《きた》り臨む神である。大空から、海のあなたから、ある村に限って、富と齢《よわい》とその他若干の幸福とを齎《もたら》してくれるものと、村人たちの信じていた神のことなのである。

この神は宗教的の空想にはとどまらなかった。現実に、古代の村人は、このまれびとの来って、屋の戸を押《オツ》ぶるおとづれを聞いた。音を立てるという用語例のおとづるなる動詞が、訪問の意義を持つようになったのは、神の来臨を示すほとほとと叩く音からであると思う。戸を叩くことについて、根深い信仰と連想とを、いまだに持っている民間伝承から推して言われることである。宮廷生活においてさえ、神来臨して門におとずれ、主上の日常起居の殿舎を祓《はら》えてまわった風は、後世まで残っていた。平安朝の大殿祭《おおとのほがい》はこれである。夜の明け方に、中臣《ナカトミ》・斎部《イムベ》の官人二人、人数引き連れて陰明門《おんめいもん》におとずれ、御巫《ミカムコ》（宮廷の巫女《みこ》）どもを随えて、殿内を廻るのであった。こうした風が、一般民間にも常に行われていたのであるが、事があまり刺激のないほどきまりきった行事になっていたのと、原意の辿り難くなったために、伝わる事すくなく、伝えてもその遺風とは知りかねるようになってしもうていたのである。

このまれびとなる神たちは、私どもの祖先の、海岸を逐《お》うて移った時代から持ち越して、後には天上から来臨すると考え、さらに地上のある地域からも来ることと思うように変わってきた。古い形では、海のあなたの国から初春ごとに渡り来て、村の家々に一年中の心躍るような予言《カネゴト》を与えて去った。このまれびとの属性がしだいに向上しては、天上の至上神を生み出すことになり、まれびとの国を、高天原《たかまのはら》に考えるようになったのだと思う。

神のことばから文学が生まれた

すべて文学は、文明の世になると、芸術的衝動から作られるものであるが、昔はそうした欲望がなかった。文学であると言う以上、永久性がなければならぬ。文学は即座に消えるものではない。ところが不都合なことは、昔は文字がなかった。すくなくとも、日本文学の発生当初においては、文字はなかった。文字のなかった時代の文学は、普通の話と同じように口頭の文章によって伝えられていた。

昔の村の生活を考えると、村の最重大な中心になるものは、神祭利である。失われない信仰が村々を安全に保たせるものだと信じていた。この神の信仰に関するものが、後々まで遺って、文学もここに出発点があった。神に関する信仰を伝えたことばが永く久しく残ったのである。

最初にわれわれの祖先が、これは伝えなければならぬと思ったことばは、すなわち、託宣であった。神が現れて、自分の言いたいことを言うた、そのことばである。

村人の平穏無事で暮せるように、農作物が豊かであるようにという、お定りの言葉を神は言うて行ったのである。そして、神自身の来歴を告げて去る。これが毎年繰り返される。このことばが村人にとって非常に大切であった。村人はこれを大切なものとして伝承した。その痕跡が、意味は忘れられて、節分の夜の厄祓いなどとして今に遺っている。

神自身が来歴を告げることば、言うなれば神の自叙伝が、古い語で言うと寿詞《ヨゴト》である。寿詞は、ただいまの祝詞《のりと》の本の形である。この崩れた形が、万葉集にある。それがそのまま展《の》びて叙事詩となった。こうして歴史を語り伝えるものが、寿詞より分かれてくる。その際、肝腎なところのみ遺ったものを、呪言《じゅごん》と言う。

このように長い不文の古代に存続の力を持ったものは、信仰のほかには考えられない。信仰に根ざしたある事物だけが、長い生命を持って来たのである。

▽「主人をあるじと言ふのは原義ではない。あるじする人なるが故に言ふのである。あるじとは、饗応の事である。まれびとを迎へて、あるじするから転じて、主客を表す名詞の生じたのもおもしろい」――『古代研究』全体は「まれびと」の研究と言ってもよいほど、このキイワードを中心に、古代人の精神風土と現代に残存する習俗との関連が、大胆な推測を交えて描かれている。古代人の信仰の中心である「まれびと」をいかにもてなすかというところから、さまざまなしきたりや行事が生まれたと著者は考える。なお、まれびとのように、重要なキイワードに傍線を付すのは著者独特の表記法である。

▽「私どもの生活は、功利の目的のついて廻らぬ、いわばむだとも思われる様式の、由来不明なる〈為《シ》来《キタ》り〉によって、純粋にせられる事が多い。その多くは、家庭生活を優雅にし、しなやかな力を与える。門松を樹《タ》てた後の心持ちのやすらいを考えて見ればよい」――生活の大部分は、これまでそうしてきたからこれからもそうするという「しきたり」によってできている。その起源と変遷の解明が著者の古代研究の目的である。

▽「節分の夜か除夜かに、船の絵を刷った紙を床の下に敷いて寝た翌朝、その紙を集めて流すか、埋めるかしたことは、室町時代からあった。だから、この船は悪夢を積んで去るものと考えたところから出たことがわかる。この宝船の古図では、七福神などは

載せていない」――心安らかに元旦または立春の朝の夢を見るために追い払った悪夢をのせた出船が、いつのまにか、宝を運ぶ入船になった。宝船の帆に「獏《ばく》」という字が書かれているのは、この想像上の動物は悪夢を食べると言われているからである。

▽**「奈良朝の歌は、桜の花を賞めていない。観賞用ではなく、むしろ実用的のもの、すなわち占いのために植えたのであった。昔は、花は観賞用のものではなく、占いのためのものであったのだ」**――花の咲き具合を見て、今年の稲穂の実りを占ったのである。花見はその行事であった。花の散るのを惜しむ文学的表現があらわれるのは平安朝からである。

▽**「日本では、自分の欲求から歌を作るというよりも前に、まず代作の歌が行われている。団体とか、ある貴い人の感情を、下の臣が代って謡うたのである。感情表現の歌というよりも、昔から伝えられた形式一偏のものでよかったのである」**――奈良朝以前の万葉集の歌にはこのような代作の歌が多く、柿本《かきのもとの》人麻呂《ひとまろ》にもそのような作品が多数あるという。個人の感情がこめられた抒情詩とともにほんとうの文学らしいものが生まれた。

編者からひとこと　「数年前、熊野に旅して、光り充つ真昼の海に突き出た大王が崎の尽端に立った時、遥かな波路の果てに、わが魂のふるさとのあるような気がしてならなかった」(『妣《ハハ》が国へ・常世《トコヨ》へ』)という、著者二十三歳の体験に「古代研究」の出発点があった。

[文献案内] 折口信夫『古代研究』(中公クラシックス)。

勧善懲悪の快感を満喫させる巨編

「南総里見八犬伝」

曲亭馬琴

著者と作品紹介

小説家の曲亭馬琴《きよくていばきん》（姓は滝沢《たきざわ》。一七六七—一八四八）は、下級武士の子として江戸に生まれ、はじめ俳諧を嗜み、二十代半ばで小説家を志し、下駄屋の入り婿となって著作に専念し、生涯に三十篇以上の長編小説を書き、筆一本で生計を支えた日本で最初の作家と言われる。代表作『南総里見八犬伝』（一八四二）は二十八年間かけて完成された、日本文学史上屈指の長編小説で、室町時代の安房《あわ》の里見家をめぐる史実に則りながら、仁《じん》・義《ぎ》・

礼《れい》・智《ち》・忠《ちゆう》・信《しん》・孝《こう》・悌《てい》の徳を体現する八犬士が、関東甲信から京の都などを舞台にさまざまな善人悪人や妖怪変化《ようかいへんげ》などをまじえて活躍する、奇想天外、驚天動地の物語が雄渾《ゆうこん》な文章によって展開される。ほかに『椿説弓張月《ちんせつゆみはりづき》』、『近世説美少年録《きんせせつびしようねんろく》』、『開巻驚奇俠客伝《かいかんきようきようかくでん》』など。

要約

腹を裂きて伏姫《ふせひめ》八犬子を走らす

里見義実《よしざね》の長女、伏姫は、祈願のために参籠した安房郡《あわのこおり》の洲崎明神で、行者から仁義礼智、忠信孝悌の八字が彫《ほ》りつけられた水晶の数珠《じゆず》を授けられた。行者は「まことに霊の祟《たた》りあり。これこの子の不幸なり。禍福《かふく》は糾《あざな》える縄のごとし。ひとりの子を失いて、後にまたの翼《たすけ》を得ば、その禍《わざわい》は禍ならず。これを護身にせよ」と言って飛ぶが如く姿を消した。安西景連《かげつら》の軍勢に包囲され窮地に陥った義実は、戯《たわむ》れに愛犬の八房《やつふさ》に「景連の首を取って来たら、伏姫を妻《めあ》わせよう」と言った。その夜、決死の出撃を覚悟した義実の前に、生々しい人の首をくわえた八房があらわれた。はたして敵将の首であった。主を失ってにわかに乱れた包囲軍を撃破した義実は、安房の国主となった。伏姫を求めてやまない八房を義実は斬ろうとしたが、伏姫は父の約束を守り、八房とともに安房第一の高峯、富山《とやま》に入り、山中の洞穴に住み、法華経を読んで日を過ごしていた。

義実の家臣、金碗《かなまり》大輔孝徳は伏姫を救うため、禁を犯して山に入り、二つ弾の鉄砲で八房を撃つが、もう一弾は懐妊して腹の膨れた姫に命中。その場に来あわせた義実の前で伏姫は、八房の胤《たね》を受けたものではないことを証しするために、守り刀で腹を割いた。すると、切口より一朶《いちだ》の白気《はっき》が閃《ひらめ》き出で、襟にかけていた水晶の数珠を包んで舞い上がり、八つの珠は燦然として光明を放ちながら、流星のように飛び散った。伏姫は「神の結びし腹帯も、疑い解けたれば、心にかかる雲もなし。浮世の月を見残して、いそぐは西の天《そら》にこそ」と、鮮血《ちしお》に塗《まみ》れる刃を抜き捨て、そのまま伏して息絶えた。

金碗大輔は出家して、丶大法師《ちゅうだい》と名を改め、「六十余国を遍歴して、飛び去りたる八つの珠をもとの数珠に繋ぎ留めずば、生涯、安房へ帰らじ」と言い残して旅に出た。

八犬士、里見の家臣となり、退隠して天命を楽しむ

それから二十五年後、文明十五（一四八三）年四月、里見家の先祖の菩提を弔うために結城の古戦場に結んだ草庵で、丶大法師は、犬塚信乃《しの》、犬川荘助《そうすけ》、犬山道節《どうせつ》、犬飼現八《げんぱち》、犬田小文吾《こぶんご》、犬江親兵衛《しんべえ》、犬坂毛野《けの》、犬村大角《だいかく》の八犬士に会うことができた。一同は安房に向かい、八犬士は義実のあとを継いだ里見家当主、義成《よしなり》に見参してその家臣となり、丶大の功績をたたえ、その金碗の姓を賜った。忠の霊珠《くしたま》をもつ道節は膝を進め「ありがたく

承ります。伏姫上《ふせひめうえ》は宿世《すくせ》の母。かの霊珠、幾たびとなく我らが窮地を救い、神恩顕然として、疑いなし。世に同因果の義兄弟、八人あるよしを悟り、ついに全く集まりて、当今無双の賢君に仕えることができたのは、すなわちこれ、大法師の二十余年《はたとせあまり》の行脚の功徳。、大法師は我らが宿世の父なり」と答えた。

悪行を邪魔立てされて、かねてから八犬士に遺恨を抱いていた関東管領の扇谷定正《おうぎがやつさだまさ》は、武蔵、相模、上野、下野、越後などから大軍を集めて里見家を滅ぼす計画を立てていた。これを知った義成は、安房五十余城を結集し、智の霊珠をもつ毛野を軍師に命じ、間諜を放って敵を欺き、犬士たちは術数のかぎりを尽くし、ときには幻術を使い、陸では猪の牙に松明をつけて敵陣を襲い、海では風をおこして水軍を焼き払うなどして、敵の軍勢を撃破した。その功績により八犬士はそれぞれ一城の主となり、所領一万貫を賜った。義成には八人の姫がいたが、八犬士は、その名札を結んだ八条《やすじ》の紅の太緒《ふとお》を引いて、それぞれ妻《めあ》わされた。

、大法師は、白浜に打ち寄せられた巨木で彫った四天王の眼に八犬士の八つの珠を鏤《ちりば》め、里見家の守護神として安房の四隅に埋めた。時は流れ、ある日、富山に退隠して天命を楽しむ八犬士をその子息たちが訪ねてきた。「先君御父子の仁義衰えて、内乱まさに起らんとす。我らは当所を去りて、他山に移ろうと思う。ともに他郷へ参るか」と言って八人の翁は忽然として姿を消し、あたりに馥郁《ふくいく》たる異香《いこう》が薫るのみであった。

▽「信乃は（斬った犬の）切口より出《いで》たる物をつら〳〵見るに、是《これ》なん一顆《ひとつ》の白玉《しらたま》なり。その大《おほき》さ豆に倍して、紐融《ひもとほし》の孔《あな》さへあり。玉の中《うち》に一丁《ひとつ》の文字あり。方是《まさにこれ》『孝』の字なり。現刀《げにかたな》して鐫《ゑ》れるにあらず。又漆《うるし》もて書《かけ》るにあらず。造化自然の工《たくみ》に似たれば……」――最初に登場する犬士、犬塚信乃戍孝《もりたか》が孝の文字が記された珠を発見する場面である。その世話役の荘助も義と記された珠をもち、それぞれ体に牡丹の形の痣《あざ》があることを知り、深い因縁で結ばれていると感じて、義兄弟の誓いを立てる。霊珠と痣が犬士の印である。

▽「茶毒《とどく》の酷吏《こくり》、騒ぎなせそ。額蔵何等《なにら》の罪かある。虎威《こい》を借《かり》て、刑罰を濫《みだ》り、私怨《しゐん》によりて、忠義を凌虐《りやうぎやく》す。是《これ》汝等が行ふ所、神は怒《いか》り、人は恨《うらめ》り。されば同盟の義に仗《より》て、天に代《かはり》て、塗炭《とたん》を拯《すく》ひ、虎狼《こらう》を猟《かり》て、人心《じんしん》を快《こころよ》くす」――額蔵は荘助の別名で、刑場でまさに処刑されようとするところを、信乃、現八、小文吾の三犬士が救出する。実に小気味よい勧善懲悪の名せりふである。「人心を快くす」こそ小説の最大の魅力にほかならない。

▽「十四日の月隈《くま》なく照らして、障子にうつる人影あり。小文吾忽《たちまち》地駭《おどろ》き覚《さめ》て、頭《かうべ》を擡《もたげ》て見かへる程に、外面《とのかた》に〈苦《あ》〉と叫ぶ声して、撑《どう》と仆《たふ》るゝ人音《ひとおと》に、障子をやおら開つゝ見れば、紛《まが》ふべくもあらぬ鑽隙《しのび》の癖者《くせもの》、手には刃《やいば》を持ちながら、仰《のけ》さまに仆れたる、その項《うなじ》のあたりより、血の夥《おびたゝ》しう流れ出《いで》たり」――写実的描写の一例。旦開野《あさけの》と名乗る女

田楽が、花簪《はなかんざし》を手裏剣にして、小文吾を襲う刺客を倒した場面。彼女は実は、女装して悪者の家老に近づき、彼を成敗することになる八犬士のひとり、犬坂毛野胤智《たねとも》である。

▽**「船虫《ふねむし》は、十字街《つじ》妓《きみ》に打扮《いでたち》て、夜毎に浜辺に立《たつ》ものから、客を掖《ひく》べき与《ため》のみならず、その懐《ふところ》に東西《もの》あるをば、媾合《こうがふ》の折唇《くちびる》を、まじへて舌を噬断《かみきり》て、殺して尸骸《しがい》を海に棄《すつ》るに……」**——この小説を彩る悪人、悪女のなかでも異彩を放つのが、三度《みたび》も盗賊の妻となり、諸所に移り住んで悪事のかぎりを尽くし、犬士の命を狙う毒婦、船虫である。犬士たちは、その血は刃の汚れと、彼女を牛に突き殺させた。

▽**「媼内《おばない》は、今より後《のち》の胸算用《むなさんよう》も、あふか合《あは》ぬか、手拭は、算盤絞《そろばんしぼり》を頬罩《ほうかむり》、二《に》一転変早急《いちてんへんさつきう》の、一時《いちじ》退散《たいさん》、五二倍死《ごにばいし》、二引《にひい》て残る二人連《にゝんつれ》、楽《たのし》み去て苦の世界、九死加四苦六濁六《くしかしくろくどぶろく》と、穴八算《あなはつさん》に告別《いとまごひ》、明《あけ》ゆく天《そら》を不楽《わび》しげに、樹《き》の下闇《したやみ》もなき、路を討《もと》めていそぎけり」**——媼内は船虫の三番目の夫で、犬士たちに追われて逃げる様子が算盤の語呂合わせで語られる。濁六も穴八も媼内の仲間。こういった語呂合わせの名調子も本書の読みどころである。

〔編者からひとこと〕 馬琴は七十歳の頃から目が見えなくなり、息子の嫁のお路《みち》にいちいち難しい漢字の書き方から句読点や送り仮名まで教えながら口述筆記したことが、「回外剰筆《かいがいじようひつ》」(あとがき)に記されている。これもひとつの驚嘆の物語である。

［文献案内］ 小池藤五郎校訂『南総里見八犬伝』(岩波文庫)、濱田啓介校訂『南総里見八犬伝』(新潮日本古典集成・別巻)、石川博編『ビギナーズ・クラシックス 日本の古典 南総里見八犬伝』(角川ソフィア文庫)。

諸行無常・盛者必衰の歴史絵巻

「平家物語」

著者と作品紹介

『平家物語《へいけものがたり》』は、平家一門の興亡の歴史を描いた物語で、著者として『徒然草』に信濃前司《しなののぜんじ》行長《ゆきなが》と盲人生仏《しょうぶつ》の名があげられているが、定かではない。はじめは琵琶の伴奏で語られ、これを「平曲《へいきょく》」と言った。この平曲の台本が『平家物語』として成立したのは十三世紀前半の頃とされる。物語ははじめに、万物は生々流転し、勢いのあるものもいつか必ず滅びるという原理を説いて、その最近の例として平清盛《たいらのきよもり》の名をあげる。清盛の父、忠盛《ただもり》が寺を造進して昇殿を許されたことが機縁となって、平家一門がしだいに勢力を拡大し、ついにはすべての権力を掌握して栄華の絶頂をきわめるが、やがて人びとの反感を買い、源氏の軍勢に壇ノ浦の戦いで敗北、一門は絶滅する。その間、約七十年におよぶ興亡の物語である。

要約

そのふるまいを見るに、一代の繁栄あやうし

保元《ほうげん》・平治《へいじ》の乱などの武功によって取り立てられ、内大臣から右大臣、左大臣を経ずに最高位の太政大臣《だいじょう》に昇った清盛は、年五十一にて病におかされ、仏の功徳を得るために出家し、その甲斐あってか病はたちどころに癒え、他に肩をならべる者のないほどの権勢を誇るまでになった。官位の任命は、後白河法皇や高倉天皇のご意向でもなく、摂政関白の裁決でもなく、すべて平家の意のままにされ、平家一門が他の者を飛び越えて昇進し、高位を独占するほどの勢いであった。

「平家の次男などに越されるのは心外きわまりないことだ。何としてでも平家を滅ぼしてみせる」と、大納言の藤原成親《なりちか》は、鹿の谷にある俊寛僧都《しゅんかんそうず》の山荘に法皇も迎え、平家打倒の密議を凝らしていた。しかし、謀議は清盛に密告され、成親は清盛邸に監禁され、清盛

の長男で内大臣の重盛《しげもり》のとりなしで死罪を免れ、備前の児島に流され、結局は、惨殺された。俊寛は、藤原成経《なりつね》、平康頼《やすより》とともに薩摩《さつま》の鬼界が島に流された。清盛は、武力に訴えて法皇を軟禁しようとするが、重盛の説得で断念する。

重盛は熊野に詣で、「最近の父の様子を見ると、悪逆無道にして、何かにつけ法皇を悩ますばかりである。長男として諫《いさ》めてはいるが、力およばず、私の忠告に従おうとしない。そのふるまいを見るに、一代の繁栄あやうし。重盛、重臣に列して世の浮沈に身を任せるくらいなら、名誉を捨て隠退したい。一代で栄華が終わって、子孫が恥を受けるくらいなら、この重盛の運命を縮めてほしい」と、心の底から祈念した。

その後しばらくして重盛は病に伏し、熊野権現に願いが通じたものに相違なく、前世からの業は癒しがたいと、その頃、宋から渡ってきた名医の治療も断り、世は盛りと見える御年四十三で失せた。

千尋の海底へと沈む

治承四（一一八〇）年二月、清盛の指図によって、高倉天皇はまだ三歳の安徳天皇に譲位した。新帝の母、徳子《とくこ》（建礼門院《けんれいもんいん》）は清盛の娘である。いまや帝の外戚となった平家の勢いは絶頂に達したが、諸国で平家への反感がたかまり、関東では源頼朝《みなもとのよりとも》が、信濃では木曾《きそ》義仲《よしなか》がともに平家追討の旗を揚げた。

清盛の三男、宗盛が源氏追討のために東国へ出立する前夜、清盛は熱病に襲われた。「熱い、熱い」と呻きつづけるばかりで、比叡山の井戸から汲んできた水を入れた石舟で体を冷やそうとするが、たちまち水はわきあがって湯になる有様。妻の時子《ときこ》（二位殿《にいどの》）は、地獄の閻魔庁から迎えが来る夢を見る。「頼朝の首をはねて、わが墓の前に懸けよ」と言い残して、清盛は悶死した。

平家の軍勢を各地で破って破竹の勢いの義仲は、京の都に迫っていた。寿永二（一一八三）年七月、平家一門は安徳天皇とともに都をあとにした。かつては十万余騎をかぞえた軍勢も、東国や北国での度重なるいくさで討たれ、残るはわずか七千余騎。都落ちの際に火を放たれた京の町は一面の焼け野原と化した。

征夷大将軍を宣下されたばかりの義仲を討った源義経《よしつね》は、一の谷の合戦で平家を大敗させ、逃れる平家を八島から壇ノ浦へと追い詰めた。元暦二（一一八五）年三月廿四日、平家は千余艘、源氏は三千余艘の舟をうかべ、矢を射合せるのを合図に戦闘が開始された。源氏のつわものどもが次つぎと平家の舟に乗りうつり、漕ぎ手も舵取りも射殺されたため、平家方は舟の進路をたてなおすことができない。この有様をご覧になって二位殿は、「わが身は女なりとも、かたきの手にはかかるまじ」と、安徳天皇を抱きかかえて千尋の海底へと沈んでいった。ともに入水した建礼門院は御髪を熊手にかけられて引き上げられ、六年ほど生きながらえたが、その頃には平家の一門はすべて死に絶えていた。

▽**「祇園精舎《ぎをんしやうじや》の鐘の声、諸行無常《しよぎやうむじやう》の響あり。娑羅《しやら》双樹《さうじゆ》の花の色、盛者必衰《じやうしやひつすい》のことわりをあらはす。奢《おご》れる人も久しからず、唯春の夜の夢のごとし。たけき者も遂《つひ》にはほろびぬ、偏《ひとへ》に風の前の塵《ちり》に同じ」**――この物語のメッセージを提示する冒頭の一節。祇園精舎は釈迦が説法したという寺で、僧侶が臨終を迎えると、この寺の鐘が自然に鳴って、その苦しみをやわらげたという。娑羅双樹は釈迦が入滅の際、白い花を咲かせて枯れたという大樹。

▽**「御懐妊定まらせ給《たまひ》しかば、有験《うげん》の高僧・貴僧に仰せて、大法・秘法を修《しゆ》し、星宿《しやうしゆく》仏《ぶつ》菩薩《ぼさつ》につけて、皇子御誕生と祈誓《きせい》せらる。……天台座主《てんだいざす》覚快法親王《かくかいほつしんわう》、おなじう参らせ給て、変成男子《へんじやうなんし》の法を修せらる」**――中宮・徳子が懐妊すると、清盛は皇子誕生を願って、ありとあらゆる祈禱を行った。そのひとつが、胎内の女子を男子に変じるという「変成男子」の法である。重いつわりは怨霊のためと考えられ、それを鎮めるために恩赦が行われ、鬼界が島に流された成経と康頼は赦されるが、俊寛は島に残され、絶食して死ぬ。

▽**「生涯の面目に、一首なり共、御恩をかうぶらうと存じて候しに、やがて世のみだれ出できて、其沙《そのさ》汰《た》なく候条《じやう》、たゞ一身の嘆《なげき》と存《ぞんず》る候《ざうらふ》。世しづまり候なば、勅撰《ちよくせん》の御沙汰候はんずらむ。是《これ》に候巻物のうちに、さりぬべきもの候はば、一首なりとも御恩を蒙《かうぶ》ッて」**――薩摩守忠教《さつまのかみただのり》が都落ちの際、藤原俊成《としなり》に託した一首、「さざなみや志賀の都はあれに

しをむかしながらの山ざくらかな」は『千載和歌集』に「読人知らず」として入れられた。

▽**「とっておさへて頸《くび》をかゝんと甲《かぶと》をおしあふのけて見ければ、年十六七ばかりなるが、うす化粧して、かねぐろ也。我子《わがこ》の小次郎がよはひ程にて、容顔《ようがん》まことに美麗《びれい》也ければ、いづくに刀を立《たつ》べしともおぼえず」**――熊谷次郎直実《くまがへのじろうなほざね》が、一の谷の合戦で敗走する平敦盛《あつもり》を討つ場面。「かねぐろ」は元服した貴族が歯を黒く染める習わしによる。見逃そうとするが、他の者の手にかかるのは必定と泣きながら敦盛の頸を掻く。後に直実は出家する。

▽**「小舟一艘、みぎはへむいてこぎよせけり。磯へ七八段《たん》ばかりになりしかば、舟をよこさまになす。『あれはいかに』と見る程に、舟のうちより、よはひ十八九ばかりなる女房の、まことに優《ゆう》にうつくしきが、柳のいつゝぎぬにくれなゐのはかま着て、みな紅《くれなゐ》の扇の日出《いだ》したるを、舟のせがいにはさみ立てて、陸《くが》へむいてぞまねいたる」**――八島の合戦で、平家方の美女が船首に立てた扇を、源氏方の那須与一が射落とす場面。距離は二十メートルほど。与一ははずしたら切腹する覚悟で矢を放ち、みごと命中すると、両軍から拍手喝采がおこる。

(編者からひとこと)『平家物語』は後世の文学にとって題材の宝庫である。これに取材した作品に、近松門左衛門『平家女護島《にょごのしま》』をはじめ、高山樗牛《ちょぎゅう》『滝口入道』、倉田百三『俊寛』、吉川英治『新・平家物語』など多数。

[文献案内] 佐藤謙三校注『平家物語』(角川ソフィア文庫)、梶原正昭・山下宏明校注『平家物語』(岩波文庫)。

神話と伝説で語られる古代日本の由来

「古事記」

著者と作品紹介

『古事記《こじき》』（七一二）は、稗田阿礼《ひえだのあれ》が天皇から命じられて暗唱した史料をもとに、太安万侶《おおのやすまろ》が編纂した日本最古の歴史書である。天地のはじめからイザナギ、イザナミの男女両神の結婚による大八島国《おおやしま》（日本列島）の生成、天上の高天原《たかまのはら》から地上に送られたニニギノミコトによる日本国の建設までを語る上巻、第一代天皇、神武《じんむ》天皇から応神《おうじん》天皇にいたる国家平定の過程を描く中巻、仁徳天皇から推古天皇にいたる皇位継承をめぐる争いなどを記した下巻の、全三巻からなり、それぞれ、神の物語、神と人の物語、人の物語と分類できる。歴史書とは言え、大部分は神話と伝説で構成され、天皇家の由来と王権の正当性を説くところに編纂の目的があった。興味深い説話や歌謡なども多く、文学としての面白さもある。

要約

天地のはじめから天孫降臨まで

天地のはじめ、地上の世界は水母《くらげ》のごとくふわふわと漂っていた。高天原の神々一同は、伊邪那岐命《いざなぎのみこと》と伊邪那美命《いざなみのみこと》の二柱の神に「この漂っている国土を整え固めよ」と命じ、玉で飾られた矛を授けた。二柱の神がその矛を下界にさしおろして、かきまわし、引き上げると、矛の先から滴り落ちる海水が積もり固まって、島となった。この島に天降り、二柱の神は結婚して、八つの島を生んだ。これを大八島国という。

伊邪那岐命は多くの神を生み、最後に、天照大御神《あまてらすおおみかみ》と月読命《つくよみのみこと》と須佐之男命《すさのおのみこと》の三柱の貴い子を得て、天照大御神には高天原を、月読命には夜の世界を、須佐之男命には海原を治めるよう委任した。須佐之男命は、海原の統治を拒んで、大人になるまで激しく泣き喚き、高天原に昇り、乱暴狼藉のかぎりを尽くした。これに恐れをなした天照大御神は、天《あま》の石《いわ》屋戸《やと》を開き、戸を閉ざしてこもってしまった。すると高天原はすっかり暗くなり、数多《あまた》の神々が天の安河《やすのかわ》の河原に集まり、天照大御神を石屋戸から招き出す方策を相談し、これが功を奏し、高天原はふたたび明るくなった。

天照大御神は「いついつまでも豊かに栄える豊葦原《とよあしはら》の水穂《みずほ》の国は、わが御子の天之忍穂《あめのおしほ》耳命《みみのみこと》の治める国だ」と、第一子を派遣したが、御子は途中で帰ってきて、「豊葦原の水穂の国はひどく騒々しい様子です」と報告した。そこで、天の安河の河原に八百万《やおよろず》の神が集まって相談し、第二子の天菩比神《あめのほひのかみ》を遣わしたが、国を支配していた大国主神《おおくにぬしのかみ》に媚びへつらい、三年たっても復命しなかった。次に派遣された天若日子《あめのわかひこ》は大国主神の娘と結婚して帰ってこない。その次に建御雷神《たけみかずちのかみ》と天鳥船神《あめのとりふねのかみ》が派遣され、この二柱の神に大国主神は国を譲った。こうして、豊葦原の水穂の国は平定され、天照大御神の御子、天之忍穂耳命が統治者として天降りすることになったが、その身支度中に生まれた邇邇芸命《ににぎのみこと》が父に代わって天降り、日向《ひむか》の国に居を定め、国を統治することとなった。

天皇の治める世界の成立

邇邇芸命の四代目の子孫、神倭伊波礼毘古命《かむいわれびこのみこと》（後の神武《じんむ》天皇）は、その兄、五瀬命《いつせのみこと》とともに高千穂宮《たかちほのみや》におられ、「どこの地にいたならば、平安に天下を治めることができるだろうか。やはり東の方に行こう」と言って、日向を出発して筑紫へ行き、安芸国《あきのくに》から吉備に向かい、そこで八年間滞在した。さらに東に向かう途中、待ち構えていた軍勢と戦い、五瀬命は矢をうけて、亡くなった。

神倭伊波礼毘古命は、紀伊の南端をまわって熊野に上陸し、天から遣わされた八《や》咫烏《たがらす》の先導で吉野にはいり、土地の支配者を従わせ、刃向かう者は撃破した。こうして、大和の橿原宮《かしはらのみや》で即位し、天下を治めた。

第十代崇《す》神《じん》天皇の御世に、疫病が大流行し、人民が死に絶えようとした。天皇はたいへん愁《うれ》い嘆いた。ある夜、大物主大神《おおものぬしのおおかみ》が夢にあらわれ、「これはわが意思だ。わが子孫の意《お》富多多泥古《おたたねこ》にわれを祭らせるならば、神の祟りはなくなり、国もまた平安になるであろう」と言った。そこで早馬の使者を四方に遣わして、意富多多泥古を探し出し、これを神主に命じ、神が天降ってこもるという三輪山に大神を祭らせた。こうして疫病は止み、国《あめ》家《のした》は平安になり、人民は富み栄えた。そこではじめて天皇は、男はその弓で獲たものを、女は手先で作ったものを税として貢納するよう命じた。その御世をほめたたえて、「はじめて国をととのえ、治めた天皇」と呼ばれた。

第十二代景行《けいこう》天皇は、御子の倭建命《やまとたけるのみこと》に「西の方に熊曾健《くまそたける》兄弟という、朝廷に服従しない無礼者がいる。これらの者を討ち取れ」と命じた。熊曾を征伐して帰る途中、倭建命は出雲を支配する出雲健《いずもたける》を打ち殺した。これを天皇に報告すると、次に、東の方でまだ服従しない者どもを平定するよう命じられ、これを果たして、亡くなった。

▽「天宇受売命《あめのうずめのみこと》、天《あま》の香山《かぐやま》の天の日影《ひかげ》を手次《たすき》に繋《か》けて、天の真拆《まさき》を鬘《かづら》として、天の香山の小竹葉《ささば》を手草《たぐさ》に結《ゆ》ひて、天の石屋戸に槽《うけ》伏せて踏み轟《とどろ》こし、神懸《かむがか》りして、胸乳《むなち》をかき出《い》で裳緒《もひも》を陰《ほと》に押《お》し垂れき。ここに高天の原動《とよ》みて、八百万の神共に咲《わら》ひき」——天照大御神を石屋戸から誘い出すはだか踊り作戦である。外の笑い声に、何事ぞと、石屋戸を細めに開けて身を乗り出したところを、待ち構えていた天手力男神《あめのたぢからをのかみ》（手の力の強い男神）がその手を取って外へ引き出した。神々もストリップショーは嫌いではないようだ。

▽「須佐之男命、老夫《おきな》に『汝《な》が哭く由《ゆゑ》は何《な》ぞ』と問ひたまへば、答へて白《まを》しく、『我が女《むすめ》は、本《もと》より八稚女《やおとめ》ありしを、是の高志《こし》の八俣《やまた》のをろち、年毎《としごと》に来て喫へり。今、其の来べき時なるが故《ゆゑ》に泣く』とまをしき」——そのひとり残った娘を妻にくれるならばと、須佐之男命は、八つの頭と尾をもつ大蛇を退治し（その際に使われたのが三種の神器のひとつ、草薙の剣）、約束どおり、その娘と結婚する。ギリシア神話には、英雄ペルセウスがエチオピアの王女、アンドロメダを海の怪物から救って、自分の妻とするという、同じような話がある。

▽「大穴牟遅神《おほなむぢのかみ》、其《そ》の菟《うさぎ》に教へ告《の》りたまひしく、『今急《すみや》かにこの水門《みなと》に往き、水をもちて汝《な》が身を洗ひて、即ちその水門の蒲黄《かまはな》を取りて、敷き散らして、その上に輾転《こいまろ》べば、汝が身本《もと》の膚《はだ》の如《ごと》、必ず差《い》えむ。』とのりたまひき。故、教への如《ごと》せしに、その身本の如くにな

りき。これ稲羽《いなば》の素菟《しろうさぎ》なり」――八上比売《やがみひめ》に求婚するために大勢の兄弟たちとともに稲羽にやって来た大穴牟遅神（後の大国主神）は、だました鮫に毛皮をはがれた白兎を助け、その白兎から、八上比売と結婚するのはあなただと予言され、その通りとなる。現在、この神話伝承地の鳥取県鳥取市西部の海岸に、白兎《はくと》海岸がある。稲羽は、因幡の古い表記。

▽**「大后豊楽《おほきさきとよのあかり》したまはむとして、御綱柏《みつながしわ》を採りに、木国《きのくに》に幸行《い》でましし間《ひま》に、天皇、八《や》田若郎女《たのわきいらつめ》と婚《まぐは》ひしたまひき。……大后大《いた》く恨み怒りまして、その御船に載せし御綱柏は、悉《ことごと》に海に投げ棄《う》てたまひき」**――仁徳天皇は、民の貧しさを見て、税を免除したりして、「聖帝《ひじりのみかど》」と呼ばれているが、色好みの帝でもあった。その大后（皇后）は夫の浮気を知るや、新嘗祭で酒器として使うカクレミノの葉を海に投げ棄て、朝廷に帰ろうとしない。その後の夫婦和解のさまが、歌の交換をまじえ、短編小説さながらに記されている。

編者からひとこと　文学性ゆたかな物語として、皇位に就くべき木《き》梨之《なしの》軽太子《かるのおほみこ》とその同腹の妹、軽大郎女《かるのおほいらつめ》（衣を通してその無類の美貌が輝くところから、別名、衣通郎女《そとほしのいらつめ》）との禁断の悲恋物語がある。軽大郎女と性的関係を結んだ軽太子は、皇位争いに敗れて、伊予に流され、追って来た軽大郎女と愛の交歓のうちに心中する。

［文献案内］中村啓信訳注『新版 古事記』（角川ソフィア文庫）、倉野憲司校注『古事記』（岩波文庫）、次田真幸全訳注『古事記』（講談社学術文庫）。

5 自然を知るために

川魚の王者の生態

「アユの話」

宮地伝三郎

著者と作品紹介

動物生態学者の宮地伝三郎《みやじでんざぶろう》（一九〇一―一八八）は広島県に生まれ、東京大学理学部動物学科を卒業し、京都大学理学部教授を経て、日本モンキーセンター所長となる。日本における淡水生物の研究調査の開拓者であり、また、霊長類研究の先駆者でもある。アユやニホンザルなどの研究を組織指導し、京都大学のみならず、日本における動物生態学研究の興隆に大きな役割を果たした。『アユの話』（一九六〇）は、川へアユの稚魚を放流する場合、その密度の規準を求めるために、水産庁などからの委託ではじめられた研究で、一九五一年から約十年間にわたって京都府内の淀川上流や日本海側の渓流で行われた。日本における最初のアユの学問的研究調査である。ほかに『サルの話』など多くの動物記を執筆。

要約

なわばりと生息密度の関係

アユのとりかたでいちばん広く行われているのは友釣りであろう。おとりのアユを鼻環などで糸につなぎ、そのうしろに流し鈎《ばり》をつけて、泳がせていると、附近に居を構えていたアユが寄って来て、ひっかかるという寸法である。アユがおとりに近づいてくるのは、おとりを追っぱらうためで、やっきになって体当たりを試みているうちに、鈎に引っかかってしまうのである。そのさまが遊びたわむれているように見えるので、友釣りと呼ばれるようになったのかもしれない。

アユにこうした攻撃性があるとすると、二尾のアユはある距離以内には共存できないはずである。そこで、この許容範囲の広さをひとつの目やすに使って、アユのすみうる密度の規準を求めることはできないだろうか。

流れの速い瀬でこうした攻撃性が見られるが、突撃をくらったアユはほうほうの態で退散し、追うほうも深追いはせず、二～三メートルで引きかえす。このような防禦空間を動物社会学では〝なわばり Territory〟といっている。二十八例のアユを調べたところ、なわばりの区域は川底に投影した平面積でだいたい一平方メートル以内であることがわかった。

アユがこうしたなわばりを持つのは、底の石に付着した微細な藻類を食べるためである。アユは一日に約二十グラムの藻類を食べるが、一平方メートルに約四十グラムの藻類が着いていて、夏のころだと、これが二日でもとの量まで回復し、ちょうどアユの食べる量に見合っている。アユがこのようななわばりを持ちうる部分は、流水部面積の約六十％で、アユ一尾ごとに一平方メートルのなわばりを割りあて、また、水のよどむ淵に生息することの約一割のアユを加えると、平均川幅二十メートルの川で流程一キロメートルに一万三千尾程度まで収容可能になる。さまざまな条件を考慮して、七千尾から一万三千尾というのが私たちの得た規準密度である。

溯上から産卵まで

アユは海から川に上《のぼ》ってきて、成魚の期間を川ですごし、川で産卵し、孵化したアユは海にくだる。その寿命は満一年で、このような生活史を両側回遊型という。産卵のために海にくだるウナギは降海型、川で産卵し、海で成長するサケやマスは溯河型と呼ばれ、アユは成魚の期間を川ですごす点ではウナギに、川で産卵する点ではサケに近い。

天然溯上の見られる宇川（京都府の最北端にある長さ約二十四キロメートルの小さな川）では、川水の温度が海水の温度に近づく春先、川口に達したアユは、流れにさからって精いっぱい溯《さかのぼ》って行く。午前八時ごろから上りはじめ、十二時から十四時にかけて最高潮に達する。川へ入る直前まで、アユは動物性プランクトンを食べていたが、川口を通過して数分から十数分後、十メートルほど上までくると、全部のアユが群れのまま速度を落し、藻類を食《は》みはじめる。アユの上りは四月四日に始まって、六月末までにほぼ完全に終わった。なわばりにすみついたアユは、一日に十時間ほど石の藻類をはみ、絶えず体をひらめかして動きまわる。こうしてアユは成長し、海から上がってきたときには五〜八センチメートルだった体長は、〝七月七寸八月八寸〟の言葉のように、三〜四ヵ月で平均二十センチメートルから二十五センチメートルにも達する。夏が過ぎ秋になると、アユは落ちつきを失って、明らかに定住性が衰退する。これはアユの産卵回遊―下りにつらなる。

九月中旬から十月にかけ、アユは下流域の小石に砂のまじった産卵場にあつまる。メスのまわりにあつまった数尾から十数尾のオスがひとかたまりとなって頭から砂へつっこみ、体を弓なりに曲げて再び頭を砂上に出し、砂の中にうずまった下半身を大きくふるわせる。このとき砂けむりとともにはげしい水しぶきがあがる。こうして産卵放精を終えた親アユは川の水とともに流れて、川口近くの海岸に打ち上げられる。直径約〇・七ミリメートルのアユ卵は二週間で孵化して体長六ミリメートルほどの稚アユとなり、海に流れ出る。

読みどころと名言

▽**「アユの食べたあとは、藻がこそげとられて、石の地はだがあらわれるので、ふつう黒くみえる。その食べたあとは、笹の葉を二枚並べたようなかたちになっていて、その各々に五～六本から十二本ぐらいの縦の線がついている」**――このような食べたあとを「はみあと」または「なめあと」といい、食べることをはむという。アユには上下それぞれ約十三の歯があって、藻をけずりとって食べる時、その歯あとが石につく。釣り人はこのはみあとでアユの大小や多少を判断する。アユを釣るには石を釣れといわれるゆえんである。

▽**「淡水魚を海水に入れたり、海の魚を淡水につけたりすると、まもなく死んでしまう。浸透圧の高い海水にすむ魚は、体内の水が外へ吸い取られて、水の中にいながら体が干上がってしまう危険にさらされ、淡水魚は、水が体の中に入って来て水ぶくれになりかねない」**――アユが淡水と海水の間を往来できるのは、浸透圧を調節できるからである。宇川のアユの場合、数十秒から長くても数分以内に浸透圧の切りかえが行われている。

▽**「昼間に採集したアユの消化管には、いつでも藻がいっぱいつまっている。夕方も、アユの姿を認め難くなるまで、行動はややにぶるが、はみつづける。アユ釣りの名手は鼻で釣るという」**――編者の経験では、パセリを食い荒らしてまるまるとふとった芋虫

を踏みつけたところ、パセリの匂いがしたことがあった。消化管のなかの藻の匂いを水をとおして感じとるというのは、やはり「名手」ならではのことであろう。

▽「**生息密度のちがいによって、アユには二つの社会制度が認められた。低い密度のときになわばりが、高い密度のときに群れができる**」——一般に、魚は狭い場所にとじこめられると、なわばりを持つ傾向が強まる。野外では群れているメダカが、実験容器の中ではなわばりを作るという。アユの生息可能数は、作りうる場所の全面になわばりができたとすると、川全体の平均で一平方メートルあたり〇・七尾、なわばりなしの場合は、五・七尾にもなると推定されている。

▽「**動物の行動を観察するときはいつでもそうだが、根気と体力が必要である。アユの群れは、岸で人間が動くと、散らばって逃げてしまい、ふたたび正常の行動にもどるのには、数分から数時間もかかるからである**」——溯上するアユの数をかぞえるため、カンカン照りの砂浜で水も飲まずにじっと動かずにがんばり、一日で三尾の溯上を確認したところで、日射病で倒れた研究者もいたことが記されている。

編者からひとこと　のちに著者はこの本について、アユは一年サイクルで世代がすべて交代して、遺伝子で継承されるその生理や行動型は少しも変わらないので、書きなおす必要はほとんどない、と言っている。それぞれ個性を持つサルなどと異なるところである。

[文献案内]　宮地伝三郎『アユの話』(岩波新書)。

中間子理論の発見にいたるまで

「旅人」

湯川秀樹

著者と作品紹介

理論物理学者の湯川秀樹《ゆかわひでき》（一九〇七―八一）は、東京に生まれ、一歳で京都に移り、京都大学理学部物理学科を卒業後、同大学理学部講師となり、原子核を組み立てている素粒子のあいだにはたらく力（核力）をテーマに研究を進め、大阪大学理学部講師を兼任していた一九三四年、その核力の担い手となる中間子の存在を予測する講演を日本数学物理学会で行い、翌年、その内容を英文の論文「素粒子の相互作用について」として発表し、素粒子論の発展に大きく寄与する。後に中間子の存在が確認され、一九四九年、中間子理論によりノーベル物理学賞を授与される。一九四三年、文化勲章受章。核兵器全廃を訴えるなど平和運動にも参加。『旅人』（一九五八）は、生い立ちから中間子理論の発見にいたるまでを記した自伝である。

要約

原子核の中ではたらく力とは何か

私は大学を卒業後も、無給の副手という資格で、学生時代と同じように研究室で勉強を続けていた。当時はまだ原子核の研究は、物理学界の主流ではなかった。ラザフォードという先覚者が時流をぬきんでて、次々と原子核そのものに関係する画期的な研究を成しとげていた。しかし大多数の学者は、原子核の中まで足をふみ入れることを躊躇し、原子核の外をまわっている電子のふるまいを研究することで満足していた。

大多数の学者が原子核を問題にしなかったのは、その構造が全く不可解であったからである。当時、素粒子として認められていた電子と陽子とだけから、すべての物質ができているとすると、原子核の示すさまざまな特徴を理解することはほとんど不可能であった。多くの学者は、原子核の内部では、電子はよほど変わったふるまいをするのだろうと想像していただけだった。

私はそこで考えた。いきなり、原子核の内部での電子のふるまいを問題にする前に、原子核の外をまわっている電子と原子核のあいだの相互作用をよく調べたら、何か手がかりが得られるであろう。私の研究生活はここからスタートした。「ずいぶんまわり道をしたものだ」と言うのは、目的地を見つけた後の話で、その頃、一日中、自分で考え出したアイデアを自分でつぶすことをくりかえす。夕方、鴨川を渡って家路をたどるころには、私の気持ちは絶望的であった。平生は私をなぐさめてくれる京の山々までが、夕陽の中に物悲しげにかすんでいる。あくる朝になると、また元気を出して家を出る。夕方には、がっかりしている。こんな日がしばらく続いた。

一九三二年、中性子の発見という物理学界にとって大発見があった。原子核は陽子と中性子の集合体と考えられ、その間にはたらく力、いわゆる核力が私の課題となった。

寝床の中で生まれたアイデア

後になって考えてみると、そのころ私の頭の中には、中間子論の芽となるようなアイデアが何度かひらめいたようだが、それは、暗闇を瞬間的にてらして消える稲妻のようなものであった。ある日、イタリアの物理学者フェルミのベーター崩壊の理論に関する論文を読んで、私は、フェルミに先を越されてしまったのではないか、と思った。

原子核の中性子が陽子に変わって、そのとたんに電子が飛び出す、それがベーター崩壊である。この際、電子が単独に飛び出すのではなく、中性微子と呼ばれる粒子が一緒に出ているのではないかという説に基づいて、フェルミは理論を展開していた。私は直ちに、核力の問題も、これで解決できるのではないか、核力の場の性格を追求すれば、中性子と陽子を結び付けている新しい素粒子の性質もきまるのではないかと考えた。

一九三四年十月初めのある晩、例によって、寝床の中で物を考えていた。大分、不眠症が昂じていた。いろいろな考えが次から次へと頭に浮ぶ。忘れてしまうといけないので、枕もとに置いたノートに書きこむ。私はふと思いあたった。核力は、十兆分の二センチ程度の、非常に短い到達距離しか持っていない。これは前からわかっていたことであるが、私の気づいたのは、この到達距離と、核力に付随する新粒子の質量とはたがいに逆比例するだろうということであった。あくる朝、さっそく、新粒子の質量を計算してみると、電子の二百倍になることがわかった。こんな粒子はまだ見つかっていなかった。

私の自信はだんだん強くなってきた。新理論を、まず、研究室の談話会で話し、学界の例会で発表し、十一月末までには、英文の論文を書き上げた。こんなに早く論文が出来上ったのは、二年前に結婚した妻が毎日のように「早く英語の論文を書いて、世界に発表して下さい」と、勧めたからであった。この時の私の気持ちは、坂路を上ってきた旅人が、峠の茶屋で重荷をおろして、一休みする気持ちにたとえることもできよう。

読みどころと名言

▽「**物事に熱中する性質は、小さい時から強かったようだ。積み木を与えられると、一人でいつまでも遊んでいた**」——万有引力などを発見したニュートンは、発見の秘訣について、徹底的にひとつの問題を考えつづける集中力をあげている。著者は、小さい時から中途半端な物の考え方には満足できなかったという。いろいろな動物が川を渡り、ほかの動物はみな泳いで渡ったが、象は川の底を踏みしめて渡った、これが「徹底」だという小学校の校長先生の話から、徹底という言葉が心に強い印象を残したと記されている。

▽「**私は観察力や記憶力が、それほどすぐれていないことを自分でよく知っていた。その代り、論理的思考力の方により大きな自信があった。それを手がかりにして、想像力を飛躍させ得るような学問に進む——結局において、これ以外に私の行くべき道はなかったことが、後になってだんだんよくわかってきた**」——この自伝は、ひとりの孤独な旅人が自問自答しながら進むべき道を探し求め、ついに偉大な発見にいたる物語である。

▽「**理論物理学という学問は、簡単にいえば、私たちが生きているこの世界の、根本に潜んでいるものを探そうとする学問である。本来は、哲学に近い学問だ**」——古代ギリシアの哲学者たちは、万物をつくる元素を探求し、土、空気、火、水を四大元素と呼んだ。究極の物質の探求という点では現代の物理学者に通ずる。著者ははじめ文学、次

に哲学に興味を寄せ、物理学への好奇心が台頭するのは高校時代からである。

▽**「一九三二年、物理学界にとって画期的な発見が三つも続けざまに起った。中性子の発見、陽電子の発見、加速器による純粋に人工的な原子核破壊の成功である。それまでは片すみで小さくなっていた原子核物理学が、これを契機に、物理学の主流になってしまったのである」**——当時は、陽子、中性子、電子、陽電子、光子の五つの素粒子が知られているにすぎなかったが、素粒子論の進展にともない、現在では数百種の素粒子が知られている。

▽**「研究室の談話会で新理論を話した際、〈電気を持った粒子なら、ウィルソンの霧箱で捕えられるはずですね〉という菊池氏の言葉に、私は答えた。〈そうです。宇宙線の中にならば、そんな粒子が見つかってもいいですね〉」**——菊池氏は、当時の大阪大学原子核研究室のリーダー、菊池正士教授。その言葉通り、また著者の予測通り、中間子は一九三七年に発見され、一九四八年には加速器で人工的につくりだされ、中間子論が実証された。

編者からひとこと　生誕百年目に公開されることになった著者の日記には、一九三四年十月九日に中間子論のアイデアが最初に浮んだことが、「γ′ray について考へる」と記されている。はじめは中間子をγ′ray（ガンマーダッシュ線）と呼んでいたことがわかる。中間子の名は、電子と陽子の中間の質量をもつというところから一九三九年につけられた。

［文献案内］湯川秀樹『旅人』（角川ソフィア文庫）。

もう取り返しのつかないことになってしまった世界

「おーいでてこーい」

星新一

著者と作品紹介

小説家の星新一《ほししんいち》（一九二六—九七）は、東京に生まれ、東京大学農学部農芸化学科を卒業し、三十歳の時、SF同人誌「宇宙塵」を創刊し、これに発表した処女作『セキストラ』が認められたのを機に、SFショート・ショート（二千から長くても五、六千字程度の短い小説）作家として出発する。生涯に一〇四二編のショート・ショートを書く。鋭い批判精神を内に秘めて、未来の人間と社会を描いているところに特徴がある。ほかに現代のネット社会を予言した長編『声の網』、製薬会社を経営していた父親の生涯を描いた『人民は弱し官吏は強し』など。『おーいでてこーい』（一九五八）は、家庭から原発にいたるまで、現代文明の生み出す廃棄物で生ずる取り返しのつかない惨状を予感させ、実に象徴的にして現実的である。

要約

大きな深い穴

台風が去って、すばらしい青空になった。村はずれの小さな社《やしろ》が、がけくずれで流されていた。やってきた村人の一人が声を高めた。

「おい、この穴は、いったいなんだい」

直径一メートルぐらいの穴があった。のぞき込んでみたが、なかは暗くてなにも見えない。なにか、地球の中心までつき抜けたように深い感じがした。

「キツネの穴かな」そんなことを言った者もあった。

「おーい、でてこーい」

若者は穴にむかって叫んでみたが、底からはなんの反響もなかった。彼はつぎに、そばの石ころを拾って投げこもうとした。「ばちが当たるかもしれないから、やめとけよ」と老人がとめたが、彼は勢いよく石を投げこんだ。だが、底からはやはり反響がなかった。

この穴をどうしたものだろうと相談していると、早くも聞きつたえて、新聞社の自動車がかけつけた。まもなく、学者がやってきた。つづいて、もの好きなやじうまたちが現われた。学者は高性能の拡声器で底からの反響を調べようとしたが、反響はなかった。

見物人をかきわけて、利権屋の一人が申し出た。

「その穴を、わたしにください。埋めてあげます」

「埋めていただくのはありがたいが、穴をあげるわけにはいかない。そこに、社を建てなくてはならないんだから」

「社なら、わたしがもっと立派なのを建ててあげます。集会場つきにしましょうか」

村長も、村の者も異議はなかった。新しい社で秋祭りの行われたころ、利権屋の設立した穴埋め会社も、穴のそばの小屋で小さな看板をかかげた。

なんでも引き受けてくれた

利権屋は仲間を都会で猛運動させた。すばらしく深い穴があります。学者たちも少なくとも五千メートルはあると言っています。原子炉のカスなんか捨てるのに絶好でしょう。

官庁は、許可を与えた。原子力発電会社は、争って契約した。村人たちはちょっと心配したが、数千年は絶対に地上に害は出ないと説明され、また、利益の配分をもらうことで、なっとくした。しかも、まもなく都会から村まで、立派な道路が作られたのだ。

トラックは、鉛の箱を運んできた。穴の上でふたはあけられ、原子炉のカスは穴のなかへ落ちていった。外務省や防衛庁から、不要になった機密書類箱を捨てにきた。

穴は、いっぱいになるけはいを示さなかった。よっぽど深いのか、それとも、底の方でひろがっているのかもしれないと思われた。穴埋め会社は、少しずつ事業を拡張した。

大学で伝染病の実験に使われた動物の死体も運ばれてきた。海に捨てるよりいいと、都会の汚物を長いパイプで穴まで導く計画も立った。穴は都会の住民たちに、安心感を与えた。婚約のきまった女の子は、古い日記を穴に捨てた。犯罪者たちは、証拠物件を穴に投げ込んでほっとした。穴は、捨てたいものは、なんでも引き受けてくれた。穴は、都会の汚れを洗い流してくれ、海や空が以前にくらべて、いくらか澄んできたように見えた。

その空をめざして、新しいビルが、つぎつぎと作られていった。

ある日、建築中のビルの高い鉄骨の上でひと仕事を終えた作業員が、ひと休みしていた。彼は頭の上で、

「おーい、でてこーい」

と叫ぶ声を聞いた。しかし、見上げた空には、なにもなかった。青空がひろがっているだけだった。彼は、気のせいかな、と思った。そして、声のした方角から、小さな石ころが彼をかすめて落ちていった。しかし、彼はそれには気がつかなかった。

読みどころと名言（他のショート・ショートから）——

▽「自分の目が信じられなくなるような光景が、そこにあった。心臓だの肝臓だの、そのほかおれにはわからぬさまざまな臓器が培養液のなかで生きつづけている。まさに人体の部品工場といった感じ」（『合法』）——臓器移植専門の病院の謎を追う警部がたどりついたのは、臓器を培養する会社と、その「材料」に人工中絶された胎児を提供する病院だった。世界最初の心臓移植が行われたのは一九六七年。いまでは人間の細胞などを利用した再生医療の研究が進められている。「合法」であれば、すべて許されるのかという疑問が残る。

▽「〈じつは、ぼくは、ある会社の社員なんですが、よく遅刻をしてしまいます〉〈あなたは定刻出勤不適格症という一種の病気なのです〉、〈亭主が浮気者で困っていますの……〉〈どうやら、あなたは被浮気症候群になっておいでのようですね〉、〈取締役で営業部長という、異例のスピードでの昇進をしてしまったのですが……〉〈なにか裏の理由があるのかもしれないと、お悩みなのでしょう。あなたはいま、幸運症候群になっているだけのことです〉」（『病名』）——病名をつけられただけで安心したり、ものの名前を知っただけでなにか物知りになったように錯覚したり、まさに現代は命名愛好症の時代である。

▽「密林の洞穴のなかで、毛皮を身にまとった若者のボギは、死んだ父から聞いたホンの

ことを思い出し、ホンを求めて旅に出た。ある部族の祈禱師《きとうし》の老人が言う。〈わしらの先祖の先祖の時代には、いたるところにホンがあったそうだ。だが、映像とか幻覚とかが流行し、みなホンを捨て、使わなくなってしまったそうだ。すばらしいものだったらしいんだがね〉」（『ホンを求めて』）――ボギたちが毛皮を身につけて洞穴に住むようになったのは本を捨てたからのようだ。ことによると、いずれこんな未来になるのかもしれないと杞憂するのは、本の読みすぎのせいだろうか。

▽「〈さあ、つきましたよ〉ロボットの声に、エル氏はあたりを見まわした。明るい日の光のなかで、整然とビルが並び、人びとの表情に暗いかげはなく、すべては一糸乱れず運行しているようだった。完全な、明るい、すばらしい未来の世界だ。エル氏はまもなく恐るべき世界にいることを知った。たしかに、貧困も苦痛も悪徳もない。しかし、だれもがロボットなら、当り前のことだった」（『エル氏の最期』）――借金に追われて自殺を決意したエル氏は、未来からきたロボットに、その世界には借金、病気、失恋、争い、不満、憎悪などはなにひとつないと聞き、タイムマシンに乗り込んだ。着いたのはロボットだけの「完全」な世界だった。

（編者からひとこと）今読むといかにも古びてしまったSF、未来予測はたくさんあるが、表題作をはじめ、著者の作品はそのペンネームに恥じずいつも新鮮である。

［文献案内］星新一『ボッコちゃん』（新潮文庫）に所収。

進化は創造であり、創造性は生きるものの属性である

「生物の世界」

今西錦司

著者と作品紹介

動物学者、人類学者の今西錦司《いまにしきんじ》（一九〇二―九二）は、京都に生まれ、京都大学農学部農林生物学科を卒業。賀茂川に生息する四種類のヒラタカゲロウの比較観察から、それぞれの種が異なる場所に棲《す》むことを発見して、「棲みわけ理論」を提唱し、生物の世界を、同種の個体が共同生活を行う「種社会」の概念によって分析する独創的な理論を展開する。ニホンザル、チンパンジーなどの研究を通して、日本における霊長類社会学の基礎を築く。

登山家、探検家としても活躍、多くの学術探検隊を組織し、また、日本山岳会会長を務める。生涯に日本国内の一五五二山を登頂。一九七九年、文化勲章受章。『生物の世界』(一九四一)は、認識論、主体と環境の関係、進化などの観点から、生物の根源を哲学的に考察した書である。

要約

生物はこの不平等な世界を棲み分ける

この世界にはおそらく百万種以上の生物学的な種が存在している。しかしこれだけ多数の種が世界のどこをとってもいるわけではなくて、それぞれの種にはだいたいそれぞれの種の分布地域というものがきまっているのはなぜであろうか。それは、われわれの世界が根本的に不平等な世界であるからである。水陸の分布が不均等であり、ある所には山があり、ある所には山がない。第一に、生物活動のあらゆるエネルギーの源泉ともいうべき太陽の輻射熱《ふくしゃねつ》が、けっして地球上のすべての場所に平等に与えられていない。

私は、このような不平等さのゆえに、かくも多種類の生物がこの地球上に繁栄しえているのだといいたいのである。すると問題は、生物がこの不平等をどのようにかれらの生活内容にまで取り込んでいったかということになる。種の分布状態を見てみると、いろいろな生物が同一地域内に共存しているのが認められる。その地域を棲み分けることによって、いわばお互いの間の縄張り協定がすでにできあがったものと考えられる。そこから類推されるのは、無益な摩擦を避け、よりよき平衡状態を求めようというのが、生物の基本的な性格のひとつでなければならないということである。

相容れない傾向をもったもの同士が相集まって、そこにかれら同士の社会をつくるようになれば、それぞれの社会はその地域内を棲み分けることによって、相対立しながら、しかも両立することを許されるにいたるであろう。このように相対立し、したがって棲み分けせざるをえないような社会のことを、私は生物の同位社会と名づけた。同位社会は、生物の個々の社会の寄り集まりからなる一つの構造であり、一つの共同社会である。

このようにしてわれわれは、細胞の集まりからなる個体、個体の集まりからなる社会、さらに社会の集まりからなる同位社会が、それぞれ同一の原理に立脚した体系要素として、この世界における生物の世界をつくりあげていることを知るのである。

進化には方向性がある

およそこの空間的時間的な世界において、絶対の現状維持はなにものにも許されない。生物が生きるということの根底も、この現状維持が許されないところにある。生物が生きるということは、働くということであり、作られたものが作るものを作って行くということである。個体の生長にも、世代の連続にも、理論的には単なる繰り返しというものはなくて、どこかにかならず新しいものが作られているであろう。進化は創造であり、創造性は生きるものの属性であると考えられねばならない。

進化論で問題になるのは、世代の連続を通じて蓄積された遺伝的な変異《バリエーション》である。ダーウィンは、飼育動物や栽培植物に見られる気紛れで無方向な変異が自然状態でも存在するであろうと考えて、そのような変異が生存競争という篩《ふるい》にかけられて、適者が残るという自然淘汰説を唱えた。しかし、かれの進化論の構想は、その出発の第一歩において誤っていたのではなかろうか。自然における変異ははたして気紛れで無方向なものであろうか。

生物が生きるということは、た主体の環境化である。環境化された主体はいよいよその環境を主体化せんとして、いよいよ環境化されて行く。適応《アダプテーション》の原理はここにある。三六〇度の変異などということは生活のない生物を考える抽象の産物である。生活する生物は生活の方向性を持っている。はじめから変異は生活の方向性に導かれているのである。もっともその方向性といっても一直線ではなく、三六〇度のかわりに二〇度とか三〇度とかいった角度を考えていて、無方向性に対する方向性を意味する。生物の世界はけっしてでたらめなものではなく、その体系に秩序があるように、その発展にも秩序があり、偶然の蓄積が発展になったのではなく、はじめから発展へと方向づけられていたもののように見える。

読みどころと名言

▽「この世界を成り立たせているいろいろなものは、すべて一つのものの生成発展したものにほかならないということが、これらのいろいろなものが類縁関係を通じて結ばれているゆえんなのである」――この著書に一貫するのは、この世界を構成するすべてのものは、もとは一つのものから分化発展したという著者の世界観である。その「一つのもの」が何であるかは言及されていない。いろいろなものの類縁関係を通してはじめに「一つのもの」が存在していたことが想定されるのである。認識の本質は類縁を知ることである。

▽「生物はみずからを維持せんがためにたえずみずからをつくって行く。これを生きることというならば、生きるということこそは生物という有機的統合体における指導方針でなければならぬ。いい換えるならば生物においては生きることそれ自体が目的となっていなければならぬ」――当然のことながら、生きているから生物である。それは、「大脳や精神作用をひっぱりだすより以前のもっと根底的な原理的なものなのである」と著者は言う。ひとことで言えば、生命の維持こそ生物の根源にある目的だということになる。

▽「生物は環境をはなれては存在しえない。生物はそれ自身で完結された独立体系ではなくて、環境をも包括したところの一つの体系であって、また、環境もやはり生物とともにもとは一つのものから生成発展してきたこの世界の一部分である」――生物は環境

に支配されるが、同時に、絶えず環境にはたらきかけ、環境を支配下に置こうとする。著者はこのことを「生物の環境化、環境の生物化」と述べ、環境決定論を否定する。

▽**「この世界を成り立たせているいろいろなものが、お互いに無関係なでたらめな存在ではなくて、それらはすべてこの世界という一つの大きな、全体的な体系の構成要素である」**――全体は部分なくして成立せず、部分も全体なくして成立しないという自明の理が、科学の世界では忘れられがちである。ものごとを細分化して考えるのではなく、つねに全体を視野に入れて考える「全体論」が著者の立場である。

▽**「中生代の海にすんだアンモン貝の貝殻に刻まれた彫刻が、時代を経て種が生長するにしたがい次第に緻密に繊細になって行ったというが、そこにいわば生物の世界における芸術といったようなものが考えられはしないだろうか」**――生物がしだいに美しくなっていく例としてよく引き合いに出されるのがアンモン貝である。著者は、このような現象に、「生物の世界における文化」を想定し、その文化的特長も種を分かつ特徴であると言っている。

（編者からひとこと）　『生物の世界』が執筆された時代、地球上の生物の種の数は百万と言われていたが、現在では、その数は三百万とも数千万とも言われる。絶滅する種よりも新生種のほうが多いのはたしかで、それこそ生物の世界の創造性のあらわれではなかろうか。

[文献案内]　今西錦司『生物の世界ほか』（中公クラシックス）。

雪の結晶は天から送られた手紙である

「雪」

中谷宇吉郎

著者と作品紹介

物理学者の中谷《なかや》宇《う》吉郎《きちろう》（一九〇〇－六二）は、石川県に生まれ、東京大学理学部物理学科を卒業し、イギリス留学後、北海道大学理学部教授となり、同大学に低温科学研究所を創設し、雪の結晶の研究を行う。世界ではじめて実験室で雪の結晶をつくることに成功。「ナカヤ・ダイヤグラム」は、どのような条件下でどのような雪ができるかをあらわす指標として国際的に知られている。雪のほか、氷や凍土、氷河、霧などの研究も行い、「雪《せっ》氷学《ぴょう》」の基礎を築く。人工雪の研究で、四十一年に日本学士院賞を受賞。『雪』(一九三八)は、雪と人間の生活、雪の結晶の観察と分類、人工雪を作る方法などについて、著者自身の研究をもとに、わかりやすく解説した科学読物である。科学随筆家としても知られ、ほかに『冬の華』など。

要約

三千枚の写真を撮る

私の雪の研究は、雪の結晶の写真を撮ることからはじまった。最初の冬は札幌の大学で、次の冬からは十勝岳の標高千百メートルの山小屋で行われた。降って来る雪を硝子板で受け、それを顕微鏡で覗き、写真を撮る。すべて零下十五度にもなる戸外での作業で、顕微鏡写真の装置は外に出し放しになっている。はじめて見る雪の結晶の巧緻さは、普通の教科書などに出ている写真とはまるで異なった感じであった。冷徹無比の結晶母体、鋭い輪郭、その中に鏤《ちりば》められた変化無限の花模様、それらが全くの透明で、何等の濁りの色を含んでいないだけに、その美しさは形容を見出すことが困難な位であった。

完全な結晶は稀で、それを雪の中から取り出すのが一骨であった。結局、マッチの軸の頭を折って、そのささくれた繊維の端で欲しい雪の結晶を吊り出して、硝子板の上へ持って来ることにしたが、どうも結晶がとけやすくて困った。それは手の温みによる輻射熱と手で温められた空気の対流とによることが分かったので、手袋をはめることで解決された。手袋をはめると仕事は面倒になり、いくら外套をきこんでも何時の間にか身体はすっかり冷え込んで、気がつくと、足は小刻みにコンクリートの上をとんとんと踏んでいる。

経験を積むと、不思議なことには雪の結晶が段々大きく見えて来て、それに硝子細工か何かのように勝手に弄《いじ》り廻すことが出来るようになって来た。どうも双児の結晶らしいと思われるものは、両方から引っぱるとちゃんと二つに分かれるようになった。六角柱の雪の結晶を硝子面に垂直に立てて、その側面の写真を撮ることも出来た。平面写真ではどうしても分からなかったことが、呆気ない位簡単に分かって来るのでとても面白かった。

このようにして撮影した三千枚余りの写真を眺めていると、今までの分類がどうも不十分のように思われたので、雪の結晶の一般分類を行おうと思い立った。結局、針状結晶、角柱状結晶、板状結晶など七つの大分類と十九の中分類に分けることが出来た。

兎の毛で雪を作る

毎日のように顕微鏡で雪を覗き暮らしているうちに、これほど美しいものが文字通り無数にあって、しかもほとんど誰の目にも止らずに消えてゆくのが勿体ないような気が始終していた。そして実験室の中で何時でもこのような結晶が自由に出来たなら、雪の成因などという問題をはなれても随分楽しいものであろうと考えていた。

雪の人工製作の最初の手掛りとなったのは、十勝の山小屋の周囲で見た各種の霜の結晶であった。それらを観察しているうちに、霜の結晶と雪の結晶との間に著しい類似のあることを認めたのであった。各種の霜が出来るときの条件がわかれば、それに対応する雪の結晶の生成機構を推測できるはずだと考えた。

水蒸気を凝結させて氷の結晶をつくることは、すでにアメリカの学者によって試みられていた。冷たい硝子板を下において、その上に暖かい水蒸気を通すという方法であるが、これでは霜を十分な大きさに発達させることが出来なかった。ところが偶然な思い付きで冷却板を上において暖かい水蒸気を下から自然対流で送ってやって見ると、思いがけなく十分に発達した大きな霜を得ることが出来たのである。

雪を作る要領は、霜の場合と同じであるが、雪の場合は、空中に浮遊しているのと似通った条件で結晶を作る必要があった。そこで、吊した細い繊維の先に雪の結晶を作ることにしたが、繊維一面に結晶が付着して、毛虫のような形になってしまうのにはちょっと弱った。根気よく色々やって見ていると巧いものが見付かった。それは極細い兎の腹毛であった。兎の毛には所々に瘤《こぶ》があって、これを核にして結晶が生長することもわかった。

このようにして人工雪が何時でも思いのままに出来るようになったので、温度や水蒸気の対流の状態などを色々変えて、約七百種の結晶を作ってその顕微鏡写真を撮った。

▽**「雪とは一体何であるか。それは簡単にいえば水が氷の結晶になったものである」**——この短い説明を理解するにはいくつかの知識が必要である。まず、すべての物質には無定形と結晶質があって、「物質を作っている原子が空間的にある定まった配列をもって並んだもの」である。ここでいう水は水蒸気のことで、これが液体の状態を飛び越して、固体の氷になること（昇華作用）によって結晶が生まれる。その際、空気中の塵《ちり》など芯になるものが必要で、実験室ではその代りになるものとして兎の毛が使われた。

▽**「水蒸気の少いときに出来る六角板の結晶はアメリカで観測された写真集に沢山見られるが、我国では水蒸気の多い時に出来る樹枝状の結晶が多く見られる。それから見ても、我国の空にはいつも水蒸気が多く、アメリカでは比較的少いということが分る」**——雪の結晶は生長しながら落下する。水蒸気の少ない上空でできた六角板状の結晶は、地表近くの水蒸気の多い層でその角に樹の枝のようなものをつける。この逆だと、樹枝の端に角板をつけた結晶ができるはずで、そのような結晶が確認されている。

▽**「雪の結晶は極めて種類が多く、従来雪の代表の如くに思われていた六花状の結晶は、実際に降る雪の全量の中ではほんの一部に過ぎないことが分った」**——硝子板に一度に二、三十の結晶を受け、その種類と数、大きさを記録し、これを五分ないし十分おき

に繰り返すという、たいへんな仕事（全観測回数は九百七十四回）の結果わかったことである。ほとんどすべての降雪は各種の結晶の混合からなるという。

▽**「私たちは結晶の各種類について、その大きさと落下速度との関係を調べて見ることとした。それと同時に結晶の目方も測定した」**——著者による世界初の観測である。落下速度の測定方法は常識で推測できるが、面白いのは目方の測定方法である。硝子板の上の結晶は裏から指先であたためると水滴になってそのまま凍ってしまう。これを側面から顕微鏡で覗いてみると半球になっている。その体積から重さを計算するという方法である。

▽**「雪は高層において、まず中心部が出来それが地表まで降って来る間、各層においてそれぞれ異る生長をして、複雑な形になって、地表へ達すると考えられる。このように見れば雪の結晶は、天から送られた手紙であるということが出来る。その中の文句は結晶の形及び模様という暗号で書かれているのである」**——雪の結晶を分析すれば、上層の気象状態が推定できるというわけである。その暗号を解くのが「ナカヤ・ダイヤグラム」である。

編者からひとこと　日本における雪の結晶（雪華）の研究で忘れてはならないのが、一八三〇年代に『雪華《せっか》図《ず》説《せつ》』および『続雪華図説』を著した下総古河《しもうさこが》の城主、土井《どい》利位《としつら》である。計百八十六の雪華図は当時の欧米のものに比しても遜色のない立派なものである。

［文献案内］中谷宇吉郎『雪』（岩波文庫）。

見れど飽かぬ自然の日々新なるを感ず

「自然と人生」

徳冨蘆花

著者と作品紹介

小説家の徳冨蘆花《とくとみろか》（一八六八—一九二七）は、熊本県に生まれ、十七歳の時、キリスト教の洗礼を受け、同志社で学んだ後、兄の蘇峰《そほう》の経営する出版社「民友社」に入社し、同社の「国民新聞」に連載した小説『不如帰《ほととぎす》』がベストセラーとなり（英語にも翻訳される）、自伝的小説『思出《おもいで》の記』も好評を博し、人気作家の地位を確立する。かねて心酔していたロシアの文豪、トルストイを訪問し、紀行文に記す。四十歳以後、東京府下北多摩郡千歳村（現在の世田谷区）に住み、自ら鍬を手にする「晴耕雨読」の田園生活を楽しむ（芦花《ろか》公園はその跡地）。『自然と人生』（一九〇〇）は、湘南の逗子《ずし》に住んでいたころに書かれた八十七篇の随筆その他を収め、自然の美しさにたいする率直な感動が漢文調の名文で綴られている。

要約

この頃の富士の曙《あけぼの》

心あらん人に見せたきはこの頃の富士の曙。

午前六時すぎ、試みに逗子の浜に立って望め。眼前には水蒸気渦まく相模灘を見ん。灘の果てには、水平線に沿ってほの闇《くら》き藍色を見ん。

海も山もいまだ睡《ねむ》れるなり。

唯一抹《まつ》、薔薇《そうび》色の光あり。富士の頂《いただき》を距《さ》る弓杖《ゆんづえ》ばかりにして、横に棚引く。寒を忍びて、しばらく立ちて見よ。諸君はその薔薇色の光の、一秒一秒富士の頂に向って這い下るを認《したた》むべし。

富士は今、睡りより醒めんとすなり。

富士の頂にかかりし紅霞《こうか》は、見るがうちに富士の暁闇《あかつきやみ》を追い下ろし行くなり。見よ、天辺に立つ珊瑚《さんご》の富士を。桃色に匂う雪の膚、山は透《す》き徹《とお》らんとすなり。富士は薄紅《うすくれない》に醒めぬ。紅霞はすでに最も北なる大山《おおやま》の頭《かしら》にかかりぬ。早や足柄に及びぬ。箱根に移りぬ。見よ、闇を追い行く曙の足の速さを。紅《こう》追い、藍奔《らんはし》りて、伊豆の連山、すでに桃色に染まりぬ。

紅《くれない》なる曙の足、伊豆山脈の南端天城山《あまぎやま》を越ゆる時は、請《こ》う、眼を回《か》えして富士の下を望め。紫匂う江の島のあたりに、忽然《こつぜん》として二三の金帆《きんぱん》の閃《ひらめ》くを見ん。

海すでに醒めたるなり。

諸君もし倦まずしてなお佇《たたず》まば、やがて江の島に対《むか》う腰越《こしごえ》の岬、赫《かく》として醒むを見ん。次いで、小坪《こつぼ》の岬に及ぶを見ん。さらに立ちて、諸君の影の長く前に落つる頃に到らば、相模灘の水蒸気ようやく収まりて海光一碧《かいこういっぺき》、鏡の如くなるを見ん。この時、眼を挙げて見よ。郡山紅褪《ぐんざんこうあ》せて、空は卵黄《らんこう》より上《のぼ》りて極めて薄き普魯士亜藍《プロシアあい》色となり、白雪《はくせつ》の富士高く晴空《せいくう》に倚《よ》るを見ん。

晩秋初冬

霜落ち、木枯らし吹き初めてより、庭の紅葉《もみじ》、門《かど》の銀杏しきりに飛びて、昼は書窓を掃《はら》う影《かげ》鳥かと疑われ、夜は軒を撲《う》ちて晴夜に雨を想う。朝に起き見れば、満庭《まんてい》皆落葉《らくよう》。眼をあぐれば、さても瘠《や》せたり楓《かえで》の梢、錦は地に散り布きて、昨日まで黄金の雲と見し銀杏も今朝は膚薄う骨あらわれ、晩春の黄蝶《こうちょう》にも似たる残葉なお縋《すが》りつきたるもあわれなり。

この頃の昼こそいと静かなれ。朝は霜、夕は風のさすがに寒けれど、昼は空青々と高く澄《す》みて、日光清く美し。窓に対して書《ふみ》読み居れば、都に住むとしも思われぬばかり静かなるに、時たま障子にうつる物の影、何ぞやと障子を開けば、庭の李《すもも》樹の葉は落ちて枝の縦横に青空を嵌《はさ》みたるに、梧葉《きり》にや大きなる枯葉の一とつ落ちかかり、なお落ちもやらで静かに日光に光たるもおかし。

雀二三羽、庭に下りて餌《え》をあさる。縁には老猫の日を浴びて眠りぬ。蝿一とつ飛び来りて、障子を這いありく音かさかさと聞ゆ。

茶の花ほのかに香る夕《ゆうべ》、はらはらと時雨《しぐれ》の落葉をたたきて、ぼいやりと黄昏《たそが》れ行く頃は、西行ならば歌読まんとぞ思う。暮雨繡々《ぼうしゅうしゅう》、今行き過ぎし傘より音一入《ひとしお》まさりて、世はこの雨の中に果つ可く思わるる夜は、黙然として吾《われ》に伴う吾《わが》影もあわれなり。

月色ほのかなる夜に、ほの白き銀杏の落葉を踏みて庭に立てば、月一しきりに薄れて、はらはらと木の間漏《も》り来る二点、三点。時雨——と思えばすでに止みて、また月になり行く。

この趣《おもむき》、誰にか語らん。

月なくて、寒星《かんせい》空に満つ頃、木《こ》の下《もと》に寂然《じゃくねん》として佇《たたず》めば、夜気《やき》凝《こ》りて動かず。

月霜の如く地に冴《さ》え、凩《こがらし》海の如く空に吼《ほ》ゆる夜は、人籟《じんらい》（物音）すべて絶えて、直《ただ》ちに至上の声を聞く心地す。

読みどころと名言

▽「裏の方の闇《くら》い小屋の中で、鶏が勇ましく暁を告げると、余程経《たつ》て川向ふの小見川の方から、さも微《かす》かな鶏の音《ね》が聞へた。大河を隔てて呼びかはす此鶏声《けいせい》は、実に宜《よ》い、チエルシアの賢とコンコルドの哲とは、実に斯《か》くの如く大西洋を隔てて呼びかはしたのであらふ」——利根川の秋の暁の情景である。「チェルシアの賢」はイギリスの歴史家、カーライル、「コンコルドの哲」はアメリカの哲学者、エマソンである。

▽「此《この》時浜に立って望めば、落日海に流れて、吾《わが》足元に到り、海上の舟は皆金光《きんくわう》を放ち、逗子の浜一帯、山と云はず、砂と云はず、家と云はず、松と云はず、人と云はず、転《まろ》がりたる生簀《いけす》の籠も、落ち散りたる藁屑も、赫焉《かくえん》として燃へざるはなし」——著者がもっとも愛し、幾たびとなく描いたのは、暁と落日である。「赫焉」は、あかあかと照り輝くさま。

▽「余は霜を愛す。其の凜《りん》として潔《いさぎよ》きが為めに。……東の空金色《こんじき》さして、……人家も、藪も、田の中央《なか》に積みし稲塚《いなつか》も、乃至《ないし》寸ばかり地より起てる藁屑も、すべて日に向ひて白く日に背いて紫に、眼の到る所、一望所として白光紫影《はくくわうしえい》ならざるはなく、紫影の中霜また隠々《いんいん》として見る可し。地《ち》はすべて紫水晶《むらさきすいしやう》の塊《くわい》となりぬ」——霜の結晶が朝日をうけて紫色に輝くという、なかなか目にできない現象がみごとに描かれている。

▽「今日彼岸に入る。……野に出づれば、田の畔は土筆《つくし》、芹、薺《なづな》、嫁菜、野蒜《のびる》、蓬なんど簇々《ぞくぞく》として足を容る可き所もなし。……田川の水の音を聞け。溶々として滑らかに、其《その》裡《うら》に無限の春あり」――春は自然が再生する時である。田を流れる水に「無限の春あり」とは野に親しむ人の実感である。

▽「此頃《このころ》の空氣は金質《きんしつ》あり。物響《ものおと》を伝ふるにも春の如く音波の悠々と広まり行《ゆ》くにあらで、宛《さ》ながら三尖《せん》の飛《ひ》矢《し》空氣を射ぬけば、空氣は戛然《かつぜん》と其響を伝へ、一瞬にして止むものの如し」――冬の冷たく乾いた空気の感じがよくわかる。「金質」は、冷たい鉄のような感じであろう。「三尖」は三角錐のように先のとがった矢じり。

▽「日の入りたるあとの空は金より朱となり、更に焦《こが》れ燻《くすぶ》りたる黄色《くわうしよく》となり、余の空も浅《あさ》黄《ぎ》より縹《はなだ》となり、紫となり、宵の明星一つ夕日の跡に生まれ出でぬ。残曛《くん》天にあり、天水にあり。此美しき夕《ゆうべ》に立ちて、見れど飽かぬ自然の日々新《あらた》なるを感ず」――縹は薄い藍色、残曛は夕日の残照。変幻自在の色彩を織りなす自然は見飽きることがない。

▽「寒星一天、深黒なる屋根の上、深黒なる山の上、到る所として星ならざるはなし。葉落ちたる欅《けやき》の梢、大なる箒《ほうき》の如く空を摩して、枝々《しし》星《ほし》を帯びたり」――欅の枝に星の電飾。

編者からひとこと　著者は傾倒するフランスの画家、コローについて、「朝暮の時を愛し、和《なごや》かなる自然を好む」と言っている。蘆花にそのままあてはまる。

[文献案内]　徳冨蘆花『自然と人生』(岩波文庫)。

一年の半分は雪中にこもる生活

「北越雪譜」

鈴木牧之

著者と作品紹介

鈴木《すずき》牧之《ぼくし》（一七七〇—一八四二）は、越後国塩沢（現、新潟県南魚沼市）に生まれ、家業の縮《ちぢみ》の仲買と質商を継ぐ。幼少の頃から俳諧、書画を学んで、ともに玄人の域に達し、風流を解し、諸芸に通じ、当時の江戸で活躍していた曲亭馬琴、山東京伝《さんとうきょうでん》、十返舎一九《じっぺんしゃいっく》などの小説家や、谷文晁《ぶんちょう》、葛飾北斎などの画家と親交を結ぶ。『北越雪譜《ほくえつせっぷ》』（一八四一）は、十九歳の時、縮を売るためにはじめて江戸へ行った際、江戸の人びとがあまりに雪国の実情を知らないことに驚き、執筆を思い立ったもので、山東京伝の弟の山東京山《きょうざん》の協力を得て出版される。塩沢は越後でも有数の豪雪地帯で、この苛酷な自然とともに人びとがどのように生き、雪のためにどのように苦しみ、また、これを利用しているかが記されている。

要約

雪のために力を尽くし、財を費やし、千辛万苦《せんしんばんく》する

暖かい地方では一尺以下の積雪で山や川や野は一面の銀世界となって、雪がひらひら降るさまを花にたとえたりして楽しむようであるが、これは雪の少ない地方の楽しみにすぎない。わが越後のように毎年、幾丈もの雪積があるところでは、別に楽しくもない。雪のために力を尽くし、財を費やし、千辛万苦するばかりである。

越後では年によって異なるが、だいたい九月の末か十月のはじめに初雪がある。こちらの雪は鵞鳥の羽のようにひらひらとは降らず、かならず粉雪である。風に運ばれ、一昼夜に六、七尺から一丈も積もることがある。暖かい地方の人のように初雪を愛でることもなく、今年もまたこの雪のなかで暮すのかと嘆くのは、辺境の寒い国に生まれた不幸である。

積もった初雪をそのままにしておくようなことはない。一度降れば、一度掃《はら》う。これを里言《さとことば》で雪掘《ゆきほり》という。土を掘るようにするからである。掘らなければ、家の出入口がふさが

れ、丈夫な家も雪の重みでつぶれてしまう。掘るには、椈《ぶな》で作った鋤《すき》をつかう。これを里言で木鋤《こすき》という。掘った雪は空地に山のように積上げる。これを掘揚《ほりあげ》という。

冬の雪はいくら積もっても固まることがなく、さらさらしている。それで、檋《かんじき》・楇《すかり》をはいて雪中を歩く。これを雪を漕《こ》ぐという。水を渡る様に似ているからであろう。大雪の翌日など、踏み固められた道は雪に埋まり、旅人は里人を道案内に雇う。健脚の飛脚も、雪道は一日に二、三里しか行けない。雪が膝をこえ、檋で足の自由がきかないからである。

雪中にあることおよそ八ヶ月、雪に閉じ込められるのは半年で、雪中に稲を刈ることもある。暖かい地方の農業に比べ、百倍の労力である。盛んに雪が降るころは、積もった雪と家の屋根とが同じ高さになって、明かりは射さず、灯火を点けた家の中は昼夜もわからず、ようやく雪が止んで、雪を掘り、小窓から明かりが射し込むと、光明の仏の国に生き返ったような心地になる。

雪を踏み固めて芝居の舞台をつくる

氏神の祭などの際に、土地の芝居を興行することがある。この芝居の行われる二月三月の頃は、まだ雪の消えない銀世界である。役者の家族は言うまでもなく、親類縁者、友人を集め、あるいは、人を雇って、舞台、花道、桟敷などすべて雪を踏み固めてつくる。雪にてつくったこの芝居小屋は、一夜のうちに凍って鉄石のごとく固くなり、いくら大入りになっても桟敷席が崩れる心配はない。

舞台や花道には雪の上に板をならべる。この板も一夜のうちに凍りついて、釘付けなどより頑丈である。物を売る茶屋もつくるが、ものを煮るところは、雪に窪みをつけ、そこに糠を散らせば、不思議なことに、火をたいても雪が解けない。

轌《そり》が使えるようになるのは、雪が鉄か石のように固く凍る春二月三月で、里言では、「轌道になった」という。山の高い木も二月の頃には、雪に埋まっていた梢のあたりの雪が消えたのが遠目にもわかるようになる。そうなると、薪が伐りやすくなるので、農夫たちは轌をひいて山にはいる。いつもは見上げるような高い枝を、積もった雪を天然の足場にして好きなように伐ることができる。これを轌に載せたり、あるいは、束にして凍った雪の上を麓まで落したりして運ぶ。

京都本願寺の普請の際、切口五尺、長さ十丈あまりの欅をひいたことがあった。材木は雪の降らない秋に伐ってそのまま山中に置き、轌道になった頃、本願寺御用木という幟《のぼり》をたてて、一面の雪の中を老若男女がひいたものだった。

轌をひく時は、かならず歌をうたう。山にはいった親や夫が帰って来るのを、家の者は遠くから聞こえる轌歌で知り、迎えに行く。書を読んでいるようなとき、遥かに轌歌が聞こえてきたりすると、何とも春めいて嬉しい気分になる。雪国の人情というものである。

▽「雪中には一点の野菜もなければ家内の人数にしたがひて、雪中の食料を貯ふ。あたたかなるやうに土中にうづめ又はわらにつつみ桶に入れてこほらざらしむ」——雪のなかは凍らず、適度の湿度があるので、食料の保存には適している。天然の冷蔵庫である。現在でも、このような保存法が行われている。

▽「獣《けもの》雪を避《さけ》て他国へ去るもありさらざるもあり、動《うごか》ずして雪中に穴居《けつきよ》するは熊のみ也。熊胆《くまのい》は越後を上品とす、雪中の熊胆はことさらに価貴《あたひたつと》し。其重価《ちようくわ》を得んと欲して春暖を得て雪の降止《ふりやみ》たるころ、出羽あたりの猟師ども——山より山を越《こえ》、昼は猟《かり》して獣を食とし、夜は樹根《きのね》岩窟《がんくつ》を寝所《ねどころ》となし……」——干した熊の胆嚢《たんのう》は気付・強壮剤などとして珍重された。猟師は、冬眠から醒めた熊が巣穴から出てくるところを狙った。熊の息で雪が融けてできた穴で、熊の居場所を見つけるという。

▽「袖襟《そでえり》へ雪を吹入れて全身凍《みうちこごえ》て息もつきあへず、大風四面よりふきめぐらして雪を渦に巻揚《まきあぐ》る、是を雪国にて雪吹《ふぶき》といふ。此ふぶきは不意にあるものゆゑ、晴天といへども冬の他行《たぎよう》には必蓑笠《みのかさ》を用ること我国の常なり」——ふぶきで遭難した人の話の一節である。積もった雪が暴風で吹き上げられるもので、雪国では、春の雪崩とともに恐れられている。なお、著者は、雪吹と表記している（正しくは吹雪）。

▽**「白《しろ》ちぢみは平地の雪の上にもさらし、又高さ三尺あまり長さは布ほどになし、横幅は勝手にまかせ土手のやうに雪にてつくり、その上にちぢみをのばしならべてさらすもあり、かくせざれば狗《いぬ》など踏越《ふみこえ》てちぢみをけがすゆゑ也」**——銀世界に縮《ちぢみ》を敷き伸べて晒す様は、今でも雪国ならではの風物である。一月から二月にかけての専業の晒屋の仕事である。一晩、灰汁《あく》につけ、水でよく洗って絞り、一点の塵もない雪面に広げる。著者は、縮の仲買商だけあって、この越後の特産品の製法や種類などについて詳述している。

▽**「(我が家の)表間口九間の屋根の簷《のき》に初春の頃の氷柱《つらら》幾条《いくすじ》もならびさがりたる、その長短はひとしからねども、長きは六七尺もさがりたるが根の太さは二尺めぐりにひらみたるもあり、水晶をもて隔子《かうし》をつくりたるやう也」**——この巨大な氷柱に江戸の人びとはびつくりしたことであろう。暖地と雪国の雲泥の差を知らしめるのが著者の意図であった。

▽**「雪中は馬足《ばそく》もたたず耕作もせざれば、馬は空《むなし》く廏《うまや》にあそばせおく事凡《およそ》百日あまり也。雪きゆるの時にいたれば馬もよくしりてしきりに嘶《いなな》き路《みち》にいでんとする心あり」**——馬も雪に閉じ込められる。その間の飼育が悪いと馬は瘠《や》せ、馬主の貧しさが露見するという。

(編者からひとこと) 越後では幾丈(一丈は約三メートル)も雪が降ると聞いて、江戸の人びとはびっくりしたようであるが、新潟県高田で約十五メートルの年間降雪が記録されたことがある。

[文献案内] 鈴木牧之『北越雪譜』(岡田武松監修、岩波文庫)。

西洋の医学に寄せる情熱

「蘭学事始」

杉田玄白

著者と作品紹介

蘭方医《らんぽうい》の杉田玄白《すぎたげんぱく》（一七三三―一八一七）は、若狭国小浜藩の医師の子として江戸に生まれ、幕府に仕える医師、西玄哲《にしげんてつ》にオランダ流外科を学び、小浜藩医となる。オランダ商館長《カピタン》らが江戸に来ると、同行のオランダ人医師の治療の実際を見学したり、オランダ語の医学書を目にしたりするうち、人体解剖図の記された『ターヘル・アナトミア』を入手し、江戸の刑場、小塚原《こづかっぱら》で実見した死刑囚の解剖から、その解剖図が正確であることを知る。同志の蘭方医と同書の翻訳を決意し、苦労の末、一七七四（安永三）年『解体新書』として刊行する。日本における西洋の医学書の最初の翻訳である。『蘭学事始《らんがくことはじめ》』（一八一五）は、このような経過を中心に、蘭学の発展について記した回顧録である。

要約

オランダ医学書の正確さにおどろく

私と同じ藩の医師、中川淳庵《じゅんあん》は、本草学やオランダの博物学に興味を持っていて、毎年春、江戸に来るオランダ語の通訳たちのもとに出入りしていた。明和八（一七七一）年の春、淳庵がカピタン一行の宿舎を訪れた際、『ターヘル・アナトミア』と『カスパリュス・アナトミア』という人体解剖を図説した本を取り出して見せ、「希望する人あれば、ゆずりましょう」という者がいるといって、それを持ち帰り、私に見せてくれた。

私は一字も読むことはできなかったが、内臓や骨格など、それまで見聞きしていたところとは大いに異なり、これはきっと実地に調べて図説したものにちがいないとわかり、どうしても手に入れたいと思った。我が家もオランダ流外科を唱えてきたこともあって、せめてこうした書物を本箱に備えておきたいものと思い、藩の家老に相談して購入することができた。私がオランダの書物を手に入れた最初である。

この解剖図を実物と照らし合わせてみたいと思っていた矢先、奇縁というべきか、町奉行から、千住の骨が原で腑分け（人体解剖）が行われるという知らせがあった。持参したオランダの解剖図と照らし合わせたところ、ひとつとして違っているものはなかった。中国伝来の医学書に記された腸や胃の位置とは大いに異なっていた。これまで何度も腑分けしたことのある官医は「中国人と西洋人とでは人体の構造に違いがあるのであろう」とさえ思ったほどである。その日の腑分けが終り、骨の形も見ておこうと、刑場に野ざらしになっている骨を拾い集めて調べたところ、いずれも古来の説とは異なり、オランダ解剖図と違わないことを確かめ、その医学書の正確さにみんなおどろくばかりであった。

その帰路、蘭方医の前野良沢《りようたく》、中川淳庵と、「今日の実地検分はおどろくことばかりであった。主君に仕える医者として、医術の基本の人体の真の形を知らずにいたとは、まことに面目のない次第であった。何とかしてこの『ターヘル・アナトミア』を一部分でも翻訳すれば、役に立つであろう。通訳の手を借りずに読み解きたいものである」と話をした。

舵のない船で大海に乗り出すように

その翌日、良沢の家に集まって、昨日のことを話し合い、あの『ターヘル・アナトミア』を開いてみたが、まったく舵のない船で大海に乗り出すようなぐあいで、茫洋として取りつく島もなく、ただもうあきれるばかりであった。しかし、良沢はかねてからこのことを心にかけ、長崎まで行ってオランダ語の単語や短文などを多少は聞き覚えて習ったことがあり、また、私より十歳年上の先輩ということもあって、彼を盟主にきめ、先生として仰ぐことにした。まだアルファベットも習ったことのない私は、少しずつオランダ文字や単語を覚えていった。

人体の内部のことはわかりにくいであろうから、名前のわかる身体の表面の部分から訳すことにした。当時は辞書もなく、わからないことばかりで、一日中考えつめても、一行も理解できないこともあった。ある日、鼻について、「フルヘッヘンドしているもの」と記されたところに到ったが、この語がわからない。良沢が長崎で買い求めてきた小冊子に「木の枝を切ると、その跡がフルヘッヘンドをなし、庭を掃除すれば、その塵土が集まってフルヘッヘンドする」とあった。これは「堆《うずたかし》」と訳してはどうかと私が言うと、一同、それが正しかろうと賛成してくれた。そのときの嬉しさはたとえようもなかった。

こんなふうにして訳語を検討し、どうしてもわからない部分は丸に十の印をつけた。月に六、七回の集まりを重ねるうちに、その印も減り、理解できた部分はその日の夜のうちに翻訳して草稿をつくり、開始から三年半でようやく『解体新書』として世に送ることができた。「腑分け」という古称を「解体」とあらため、仲間うちから「蘭学」という新しい名が日本中に広まった。これが蘭学が今日のように隆盛となるそもそものはじめであった。

読みどころと名言

▽**「其年、大通詞《おほつうじ》は西善三郎と申す者参《まゐり》たり。良沢引合《ひきあはせ》にてしかじかのよし申述《まうしのべ》たるに、善三郎聞て、それは必ず御無用なり、夫《それ》は何故となれば、彼辞《かのことば》を習ひて理会《りくわい》するといふは至《いたつ》て難《かた》き事なり……」**――大通詞は最上位の通訳官。前野良沢は豊前中津藩（現在の大分県）の藩医で、杉田玄白は、良沢を蘭学の普及の最大の貢献者にあげている。玄白は大通詞の言葉に蘭学を断念する。その五年後に『ターヘル・アナトミア』の翻訳に着手。

▽**「一日、（オランダの外科医の）バブル、川原元伯といへる医生の舌疽《ぜつそ》を診《うかが》ひて療治し、且つ刺絡《しらく》の術を施せしを見たり」**――舌疽は舌にできる腫物《はれもの》。刺絡（瀉血《しやけつ》）は、静脈に鍼《はり》を刺して悪血を除去する治療法で、飛び出した血が離れた所に置いた器にはいるのを目撃して、玄白は感心している。彼によると、これが江戸で行われた刺絡のはじめだという。十九世紀前半に瀉血には治療効果がないことが証明されたが、その後も行われていた。

▽**「暫く其書（オランダの外科医書）をかり受け、せめて図ばかりも摸《も》し置くべきと、昼夜写しかゝりて、彼在留中に其業を卒《お》へたり。これによりて或《あるい》は夜をこめて鶏鳴《けいめい》に及びし事もありき」**――オランダ人医師に外科を学んだ大通詞から一冊の医書を示され、その図の「精妙なる」を見て、心が開けるような気持ちになった玄白は、それを徹夜で書

き写す。後に幕末に蘭学を学んだ福沢諭吉なども、オランダ語の辞書を書き写している。

▽**「官医の志ある方々は年々対話といふ事を願《ねが》ひて、彼《かの》客屋へゆき、療術方薬の事を聞き給ひ、又、天文家の人も同じく其家業の事を問ひ給へり」**――毎年春、江戸に来るカピタン一行は日本橋本石町にあった阿蘭陀《オランダ》宿長崎屋を定宿としていた。幕府おかかえの医師や天文家は、オランダ人や通詞に会って専門分野についていろいろな話を聞くことができた。江戸の長崎屋は鎖国時代の貴重な西洋文化の情報源だった。

▽**「何とぞ此ターヘル・アナトミアの一部、新たに翻訳せば、身体内外の事分明《ぶんみょう》を得、今日治療の上の大益あるべし」**――「解剖図」を意味するターヘル・アナトミアは略称で、オランダ語の原書のタイトルは、「解剖学表。附、図譜及び解説。人体の構造とその各部の図解・解説」。ドイツ語の原本からのオランダ語訳である。

▽**「若し私《ひそ》かにこれを公にせば、万一禁令を犯せしと罪蒙るべきも知られず。この一事のみ甚だ恐怖せしところなり」**――オランダ語からの最初の翻訳ということもあって、玄白はいろいろ根回しをして、幕府の暗黙の許可を得て、無事出版することができた。

編者からひとこと　最初の正確な人体解剖図とされるのは、ベルギーの医師ヴェサリウスの『人体の構造』（一五四三）である。それ以前、現代の教科書にも採用されるほど正確な解剖図をレオナルド・ダ・ヴィンチは描いているが、十九世紀まで知られていなかった。

［文献案内］杉田玄白『蘭学事始』（緒方富雄校注・岩波文庫）。

日本人の心象風景の原型をつくる

「おくのほそ道」

松尾芭蕉

著者と作品紹介

俳人の松尾《まつお》芭蕉《ばしょう》（一六四四―九四）は、伊賀上野（三重県伊賀市）に生まれ、俳諧を学び、江戸に出て俳諧師として活躍。芭蕉という俳号は、深川に隠棲した際、門弟から贈られた芭蕉の樹に因む。生涯に詠んだ九百数十の俳句には、たとえば、「古池」「蟬」「五月雨《さみだれ》」といえば、すぐに思い起こされるような作品が少なくない。このように、ある特定の情景や風物がある特定の連想を喚起する「心象風景」の原型をつくりあげたという意味で、芭蕉は日本人の情操に大きな影響を与えた。『おくのほそ道』(一六九四)は、芭蕉四十六歳の春三月の末(陽暦で五月十六日)に江戸を発ち、奥羽北陸から大垣にいたる五か月あまりの旅行の記録で、詩人の心に刻まれた日本の美しい自然が簡潔な文章と俳句に表現されている。

要約

行春《ゆくはる》や鳥啼魚《とりなきうを》の目は泪《なみだ》

三月二十七日、あけぼのの空はおぼろに霞み、有明の月の光は薄らぎ、富士の峰がかすかに見え、上野・谷中の花をふたたび目にするのはいつのことだろうかと心細い思いがする。親しい人たちは前の晩から集まって、いっしょに舟に乗って送ってくれた。千住という所で舟からあがると、前途三千里の思いで胸が一杯になり、幻の巷《ちまた》に離別の泪を注ぐ。

行春や鳥啼魚の目は泪

これを旅の書初《かきぞ》めの句としたが、歩みはなかなか進まない。奥羽への長旅をふと思いつき、旅の難儀は覚悟のうえで、耳には聞いても、まだ見たことのない所をめぐって帰ってくることができるならと、定めなきことを頼みにして、その日ようやく草加という宿場にたどりついた。瘦骨《そうこつ》の肩にかかる重い荷物にまず苦しんだ。ただこの身ひとつで出立するつもりだったが、夜寒を防ぐ紙衣《かみこ》一枚、ゆかた、雨具、墨や筆のたぐい、それに、断りきれない餞別など、さすがに打ち捨てるわけにもいかず、道中の煩いとなったのも何ともしかたのないことだ。

四月一日、日光山に参詣した。その昔、この御山を二荒山《ふたらやま》と書いたが、空海大師がここに寺を建立された時、日光と改められた。大師は千年後のことを予見されていたのであろうか、いま、その御光《みひかり》は天下に輝いている。

あらたうと青葉若葉の日の光

黒髪山《くろかみ》は霞がかかり、まだ雪が白く残っている。

剃捨《そりすて》て黒髪山に衣更《ころもがへ》　曾良《そら》

曾良は姓は河合、名を惣五郎と言った。芭蕉庵の近くに住み、私の炊事の骨折り仕事を助けてくれた。今度、松島・象潟《きさがた》をともに眺めることを楽しみに、また、私の旅の苦労をいたわろうと、旅立つ朝、髪を剃り、墨染めの衣にさまを変え、名前も宗悟《そうご》と改めた。それで黒髪山の句が生まれたが、「衣更」の二字に力がある。

夏草《なつくさ》や兵《つわもの》どもが夢の跡

塩竈から松島に舟でわたる。その間、二里あまり、雄島の磯に着く。いまさら言うまでもないことだが、松島は日本一の風景で、中国の洞庭湖や西湖《せいこ》に恥じない。東南より海を入れ、湾の中は三里、満々たる潮をたたえる。数えきれないほどの島があり、高くそびえるものは天を指さし、横たわるものは波に腹ばいになっている。ある島は二重《ふたえ》に重なり、三重《みえ》に折り重なり、左にわかれ、右に連なる。島を背負ったり抱いたりするものもあり、子や孫を可愛がるかのようだ。松の緑は濃く、枝葉は潮風に吹き曲げられ、ことさら曲げ整えられたかのようだ。その奥ゆかしい景色は美人の顔《かんばせ》を思わせる。この造化の妙を誰が筆にあらわすことができようか。

五月十三日、平泉に到る。藤原氏三代の栄華も一睡の夢のようにはかなく、秀衡《ひでひら》の館の跡は田野《でんや》になり、金鶏山のみ昔の形を残す。まず、義経の居館であった高館《たかだち》にのぼれば、眼下に南部より流れる北上川の大河。衣川《ころもがわ》は和泉《いずみ》が城《じょう》をめぐって、高館の下で大河に落ち入る。泰衡《やすひら》らの旧跡は、衣が関をへだてたところにあって、南部地方への出入口を固め、蝦夷を防ぐかに見える。さても、よりすぐりの忠義の家臣がこの城にこもったが、その功名ははかなく消え、いまや草むらのみ。国破れて山河あり、城《しろ》春にして草青みたり、と笠を敷いて腰をおろし、時の移るまで涙にくれていた。

夏草や兵どもが夢の跡

経堂《きょうどう》には三代の将軍の像があり、光堂《ひかりどう》にはその棺《ひつぎ》が納められている。珠玉の扉も金箔の柱も霜雪《そうせつ》に朽ちるところを、四方を囲い、屋根を覆い、風雨を凌《しの》いでいる。

五月雨《さみだれ》の降《ふり》のこしてや光堂

読みどころと名言

▽「**月日は百代**《はくたい》**の過客**《くわかく》**にして、行かふ年も又旅人也。舟の上に生涯をうかべ馬の口とらえて老をむかふる物は、日々旅にして、旅を栖**《すみか》**とす。古人も多く旅に死せるあり**」――冒頭の部分である。人生は旅であると言っているが、芭蕉自身まさにその体現者だった。四十代以後は毎年のように旅に赴き、亡くなったのも旅先の大阪であった。敬慕する西行や杜甫《とほ》、李白《りはく》などの「古人」も旅先で生涯を閉じた。そんな悲壮感のただよう旅立ちだった。

▽「**此野**《この》**は縦横にわかれて、うゐうゐ敷**《しき》**旅人の道ふみたがえん、あやしう侍れば、此馬のとどまる所にて馬を返し給へと、かし侍ぬ。……頓**《やが》**て人里に至れば、あたひを鞍**《くら》**つぼに結付**《むすびつけ》**て馬を返しぬ**」――那須の黒羽でのエピソードである。道を知っている馬が乗せて行ってくれる。村人はこういう便利な乗り物で旅人の便宜をはかった。

▽「**清水ながるるの柳は、蘆野**《あしの》**の里にありて、田の畔**《くろ》**に残る**」――著名な歌人の作品に因む場所を訪うのが旅のひとつの目的であった。「道の辺に清水流るる柳かげしばしとてこそ立ちどまりつれ」と西行が詠んだという伝説の「遊行柳」に立ち寄り、「田一枚植て立去る柳かな」と詠む。「古人」への感慨がこめられた一句である。

▽「**あくれば、しのぶもぢ摺**《ずり》**の石を尋**《たずね》**て、忍ぶのさとに行**《ゆく》」――歌枕（古歌に詠みこまれた名所から生まれた枕詞）を訪うのもこの旅の大きな目的だった。「陸奥《みちのく》の忍ぶもぢ摺り

誰故に乱れ初《そ》めにし我ならなくに」（河原左大臣）などで有名な歌枕「忍ぶもぢ摺り」（「もぢ」は捩《もじ》れ模様の意）のもととされる石は福島県信夫《しのぶ》郡（現在の福島市）にあった。その他、「沖の石」や「末の松山」などの歌枕の地を訪ねている。

▽**「山形領に立石寺《りふしやくじ》と云山寺《いふやまでら》あり。……岩に巌《いはほ》を重《かさね》て山とし、松栢年旧《しようはくとしふり》、土石老《どせきおい》て苔滑《こけなめらか》に……岩を這《はひ》て、仏閣を拝し、佳景寂寞《かけいじやくまく》として心すみ行《ゆく》のみおぼゆ」**——仙山線の山寺駅から、芭蕉の描写どおりの崖に山道の這う奇景が見える。山上にのぼって詠んだのが、日本人の心象風景をつくる一句「閑《しづか》さや岩にしみ入る蟬の声」である。

▽**「朝日花やかにさし出る程に、象潟《きさがた》に舟をうかぶ。……干満珠寺《かんまんじゆじ》の方丈に座して簾《すだれ》を捲《まけ》ば、風景一眼の中《うち》に尽て、南に鳥海、天をささへ、其陰うつりて江《え》にあり。……俤《おもかげ》松島にかよひて、又異なり。松島は笑ふが如く、象潟はうらむがごとし。寂しさに悲しみをくはえて、地勢魂《たましひ》をなやますに似たり」**——象潟はかつては松島と並び称された景勝の潟湖であったが、一八〇四年の象潟地震で湖底が隆起し、潟は消滅した。芭蕉はその美景を中国の美人になぞらえて、「象潟や雨に西施《せいし》がねぶの花」と詠んだ。

〔編者からひとこと〕　書名は、仙台から塩竈に通ずる街道の名から来ている。奥州路全体、さらには、俳諧の道も暗示し、死の半月前の句「此《この》道や行人《ゆくひと》なしに秋の暮」を連想させる。

［文献案内］潁原退蔵・尾形仂訳注『新版　おくのほそ道』（角川ソフィア文庫）、萩原恭男校注『芭蕉　おくのほそ道』（岩波文庫）、久富哲雄全訳注『おくのほそ道』（講談社学術文庫）。

花鳥風月にはぐくまれる美意識

「枕草子」

清少納言

著者と作品紹介

歌人で随筆家の清少納言《せいしょうなごん》（九六六頃―一〇二五頃）は、著名な歌人、清原元輔《きよはらのもとすけ》の娘として生まれ、十五歳のころ結婚して子を儲けたが、離別し、一条天皇の皇后・藤原定子《ていし》のもとに出仕し、清少納言と称され、約十年間の宮廷生活を送る。定子の没後、宮廷を去り、晩年は人里はなれた地に隠棲。『枕草子《まくらのそうし》』（一〇〇一頃）は、日本最初の随筆文学で、三百段あまりの文章からなり、「春はあけぼの」のように自然観察や嗜好を記す文章、「ありがたきもの」のように同類列挙の文章、宮中での見聞録に大別される。それぞれに著者独自の好みや判断、繊細な美意識が強く投影されていて、現代の日本人の感性に通じるものも少なくない。百人一首に「夜を籠《こ》めて鶏《とり》のそら音ははかるともよに逢坂《おうさか》の関は許さじ」が選ばれている。

要約

春はあけぼの、夏は夜、秋は夕暮

春は明け方がいい。しだいに白《しら》んでくる山のあたりが少し明るくなって、赤紫色の雲が細くたなびくさまが何ともいえない。

夏は夜。月夜はさらによし。闇に蛍《ほたる》が飛びまわっていると格別。雨など降るのもいい。

秋は夕暮にかぎる。夕日がさして山がちかくに感じられ、烏がねぐらをめざして、三羽四羽、二羽三羽と飛び急ぐのもしみじみとした感じがする。雁などが列をつくっているのが、たいへん小さく見えるのもおもしろい。すっかり日が沈み、風の音《おと》、虫の音《ね》などの心地よさは言うまでもない。

冬は早朝。雪が降っていれば申し分ない。霜で真っ白で、そうでなくてもたいへん寒い朝など、火を急いでおこし、炭火を絶やさないのも冬ならではのことである。昼ごろになってだんだん暖かくなり、火桶の火が白い灰がちになってしまうのはみっともない。

正月一日《ついたち》は、空の感じがうららかに、いつもと変わって霞み立ち、誰も彼もみな身なりや顔を入念につくろい、主君をも、自分をも祝いなどするのもことさらおもしろい。

四月の賀茂神社の祭のころはみなこころ浮き立つ。公卿や殿上人《てんじょうびと》も白い薄物を着て、何とも涼しげである。まだたいして茂っていない木々の葉は若々しく青みをおび、霞も霧も隔てぬ空の様子が何ともいえずこころよく、少し曇っている夕方や夜など、忍び音に鳴く郭公《ほととぎす》の、遠く空音《そらね》かと思われるくらいぼんやりした初音《はつね》を聞きつけたりしたら、どんなにすばらしいことだろう。

節句は五月五日におよぶものはない。菖蒲や蓬《よもぎ》などがともにかおり合っているのもおもしろい。内裏をはじめ、名もなき民の家まで、邪気を払うために競って菖蒲を屋根にたくさん葺いてあるのは、たいへん珍しい光景である。中宮御所では、薬を錦の袋にいれた薬玉を五色の糸で柱につけ、若い女房たちは菖蒲を髪にさしたりする。

草の花は、なでしこ、おみなえし、ききょう

木の花は、濃いも薄いも紅梅がよい。桜は、花びらが大きく、葉の色が濃く、細い枝に咲いているのがいい。藤の花は、房が長く垂れ、色濃く咲いているのが美しい。桐の花は、紫色に咲いているものがやはりこころ惹《ひ》かれ、葉のひろがり方がいやに仰々《ぎょうぎょう》しいが、他の

木と同列に論ずべきではない。中国では、鳳凰《ほうおう》という大げさな名前のついた鳥が好んでこの木だけに棲むというが、実に格別な感じがする。桐から琴がつくられ、さまざまな音色が奏《かな》でられるのもすばらしいことである。

草の花は、なでしこ。唐《から》なでしこはいうまでもなく、河原なでしこも大層みごと。女郎花《おみなえし》、桔梗《ききょう》、朝顔、かるかや、菊、壺すみれ。龍胆《りんどう》は枝振りなどがむさくるしいが、他の花がみな霜枯れしたのに、はなやかな色合いで顔を出しているところなどとても見栄《みば》えがする。萩の花が枝もたわわに色あざやかに咲き、朝露に濡れてなよなよとひれ伏すようにひろがっているところを牡鹿がとくに好むというが、これも特別の感じがする。

野分《のわき》の吹いた翌日などは実にしみじみとした思いをさそう。塀や垣根などがこわれ、庭の植込みがとても痛々しげで、大きな木々も倒れ、枝が吹き折られ、萩や女郎花などの上に覆いかぶさるとは、実に思いもよらないことだ。格子の仕切りのひとつひとつに木の葉がわざとそうしたかのように吹き入れられているが、あの激しい風がこんなことをするとは思えないほどだ。実直らしいきれいな人が、薄物の小袿《こうちぎ》を羽織って母屋からちょっと進み出《い》で、風に吹き乱れた髪が肩にかかっている有様などはまるで一幅の絵のよう。

明るい月を見るときほど、ものごとが遠く思いやられ、苦しかったことや楽しかったことなど、過ぎ去ったことがなつかしく感じられ、たった今のように感じられることはない。月に昔を思い出し、虫食いの扇をとりだして、男のことなどに思いを馳せるのも一興。

読みどころと名言

▽「ありがたきもの　舅《しうと》にほめらるる婿《むこ》。また、姑《しうとめ》に思《おも》はるる嫁《よめ》の君。毛《け》のよく抜《ぬ》くるしろがねの毛抜《けぬき》。主《しゆう》そしらぬ従者《ずさ》」――『枕草子』は自然観察の書であると同時に、人間観察の書でもある。「ありがたきもの」とは、めったにないもののこと。当時は眉毛を抜く習慣があって、鉄製が普通で、銀製のものはやわらかく力がない。日用品も観察の対象。

▽「絵にかきおとりするもの　なでしこ。菖蒲《さうぶ》。桜。物語《がたり》にめでたしといひたる男《をのこ》・女《をんな》のかたち」――絵に描くと実物より劣って見えるものという視点が面白い。もともとはなやかで、美しいものをより美しく描くのはむずかしい。その反対に、「かきまさりするもの」として、松の木、秋の野、山里、山路があげられている。ふだんはとくに美しいと思われないものも、描き方しだいで、美しさが引き出される。

▽「月のいとあかきに、川を渡《わた》れば、牛のあゆむままに、水晶《すいさう》などのわれたるやうに、水の散《ち》りたるこそをかしけれ」――月夜に牛車《ぎつしや》に乗って、川をわたると、水が水晶の破片のように散る。おそらく満月であろう。その情景が目に浮ぶようである。「水晶などのわれたるやうに」という表現に、著者の繊細で鋭敏な観察と感性があらわれている。

▽「星は　すばる。ひこぼし。ゆふづつ。よばひ星《ぼし》、すこしをかし。尾《を》だになからましかば、まいて」――「すばる」は、牡牛座にあるプレアデス星団のことで、六つの星がまとま

って見える。漢字では「昴」と書くが、ひとつにまとまるという意味の「統《すば》る」に由来する日本古来の名である。「ゆふづつ」は夕星・宵の明星（金星）、「よばひ星」は流れ星。尾はないほうがよいと言っているが、流れ星の美は長くひく尾にあるのではなかろうか。

▽「**時奏《そう》する、いみじうをかし。ごほごほとごほめき、沓《くつ》すり来《き》て、弦《つる》うち鳴らしてなん、『何のなにがし、時丑《うし》三《み》つ、子《ね》四《よ》つ』など、はるかなる声《こゑ》にいひて、時の杭《くひ》さす音など、いみじうをかし**」――宮中では夜警の者が一刻（三十分）ごとに時刻を奏上する。「ごほごほ」はごとごとという沓音、弓の弦を鳴らすのは魔よけのため。丑三つは（丑の刻を午前二時開始として）午前三時ごろ。時を奏するたびに「時の簡《ふだ》」に木釘をさす。

▽「**うへにさぶらふ御猫は、かうぶりにて命婦《みやうぶ》のおとどとて、いみじうをかしければかしづかせ給ふが、はしにいでてふしたるに、乳母《めのと》の馬《むま》の命婦、『あなまさなや。入り給へ』とよぶに、日のさし入りたるに、ねぶりてゐたるを……**」――宮中で飼われ、五位の位まで授けられた猫にまつわるエピソード。この猫を威嚇した犬が打ちすえられ、島流しにされそうになるところを、定子のとりなしで助けられる。いかに猫が愛玩されていたかがわかる。

編者からひとこと　あとがきに、自分ひとりの心に自然と浮かぶことを戯れに書いたにすぎないと記されている。書名は「枕頭の書」といった意味で、英訳では Pillow Book。

[文献案内] 石田穣二訳注『新版 枕草子』（角川ソフィア文庫）、池田亀鑑《きかん》校訂『枕草子』（岩波文庫）。

大人《おとな》のための日本《にほん》の名著《めいちょ》50

木原武一《きはらぶいち》

平成26年 2月25日　初版発行

発行者●郡司 聡

発行所●株式会社KADOKAWA
〒102-8177　東京都千代田区富士見2-13-3
電話 03-3238-8521（営業）
http://www.kadokawa.co.jp/

編集●角川学芸出版
〒102-0071　東京都千代田区富士見2-13-3
電話 03-5215-7815（編集部）

角川文庫 18424

印刷所●株式会社暁印刷　製本所●株式会社ビルディング・ブックセンター

表紙画●和田三造

ISBN978-4-04-409456-0　C0195